Jean Meslier

Testament
de Jean Meslier

Ultraletters

Première publication en 1762.
Réédition en texte intégral.
Copyright © 2015. UltraLetters Publishing, Bruxelles.
Tous droits réservés.
ISBN : 978-2-930718-72-9
www.UltraLetters.com
contact@UltraLetters.com

TABLE DES MATIÈRES

Jean Meslier

JEAN MESLIER

Jean Meslier, ou Mellier, né à Mazerny (Ardennes) le 15 juin 1664, est un prêtre et philosophe des Lumières français, curé d'Étrépigny où il est mort au début de l'été 1729.

Son existence n'a été connue qu'à partir de la publication en 1762 par Voltaire, sous le titre de *Testament de J. Meslier*, d'un texte qu'il présentait comme un extrait d'un texte beaucoup plus volumineux, retrouvé chez lui et dans lequel un curé professait avec détermination son athéisme et se livrait à une critique radicale des injustices de la société de son temps.

Ce texte que vous avez entre les mains, au titre original de *Mémoires des pensées et sentiments de Jean Meslier...*, est considéré comme le texte fondateur de l'athéisme et de l'anticléricalisme militant en France.

Il est considéré comme le premier prêtre à avoir « abjuré les idées religieuses et déchiré le voile de la superstition ».

Étrépigny, l'église dont Jean Meslier fut curé de 1689 à 1729.

Note de l'éditeur.

I. Abrégé de la Vie de l'Auteur

Jean Meslier Curé d'Etrépigny & de But en Champagne, natif du village de Mazerni dépendant du Duché de Mazarin, était le fils d'un ouvrier en serge ; élevé à la Campagne, il a néanmoins fait ses études &est parvenu à la Prêtrise. Etant au Séminaire où il vécut avec beaucoup de régularité, il s'attacha au système de Descartes. Ses mœurs ont paru irréprochables, faisant souvent l'aumône ; d'ailleurs très sobre, tant sur sa bouche que sur les femmes. MM. Voiry & Delavaux, l'un Curé de Va, & l'autre Curé de Boutzicourt, étaient ses confesseurs, & les seuls qu'il fréquentait. Il était seulement rigide partisan de la justice, & poussait quelquefois ce zèle un peu trop loin. Le Seigneur de son village nommé le Sr de Trouilly, ayant maltraité quelques Paysans, il ne voulut pas le recommander nommément au Prône : M. de Mailly, Archevêque de Reims, devant qui la contestation fut portée, l'y condamna. Mais le Dimanche qui suivit cette décision, ce Curé monta en Chaire & se plaignit de la sentence du Cardinal. « Voici, dit-il, le sort ordinaire des pauvres Curés de

Campagne ; les Archevêques, qui sont de grands Seigneurs, les méprisent & ne les écoutent pas. Recommandons donc le Seigneur de ce lieu. Nous prierons Dieu pour Antoine de Touilly ; qu'il le convertisse & lui fasse la grâce de ne point maltraiter le pauvre, & dépouiller l'orphelin. »

Ce Seigneur présent à cette mortifiante recommandation, en porta de nouvelles plaintes au même Archevêque, qui fit venir le Sieur Meslier à Donchery, où il le maltraita de paroles. Il n'a guère eu depuis d'autres événements dans sa vie ni d'autre bénéfice que celui d'Etrépigny. Les principaux de ses Livres étaient la Bible, un Moréri, un Montagne & quelques Pères ; & ce n'est que dans la lecture de la Bible & des Pères qu'il puisa ses sentiments. Il en fit trois copies de sa main, l'une desquelles fut portée au Garde des Sceaux de France, sur laquelle on a tiré l'Extrait suivant. Son MS. est adressé à M. Le Roux Procureur & Avocat en Parlement, à Mézières. Il est écrit à l'autre côté d'un gros papier gris qui sert d'enveloppe, « J'ai vu & reconnu les erreurs, les abus, les vanités, les folies & les méchancetés des hommes ; je les ai haïs & détestés, je ne l'ai osé dire pendant ma vie, mais je le dirai au moins en mourant & après ma mort ; & c'est afin qu'on le sache, que je fais & écris le présent Mémoire, afin qu'il puisse servir de témoignage de vérité à tous ceux qui le verrons & qui le liront si bon leur semble. »

On a aussi trouvé parmi les Livres de ce Curé, un imprimé des Traités de M. de Fénelon Archevêque de Cambray [Edit. de 1718] sur l'Existence de Dieu & sur ses attributs, & les Réflexions du P. Tournemine Jésuite sur l'Athéisme, auxquels Traités il a mis ses notes en marge signées de sa main.

Il avait écrit deux Lettres aux Curés de son voisinage, pour leur faire part de ses sentiments, etc. Il leur dit qu'il a consigné au Greffe[1] de la Justice de sa Paroisse une Copie de son Ecrit en 366 feuillets in-8°. Mais qu'il craint qu'on ne la supprime suivant le mauvais usage établi d'empêcher que les simples ne soient instruits, & ne connaissent la vérité[2].

Ce Curé a travaillé toute sa vie en secret pour attaquer toutes les opinions qu'il croyait fausses. Il mourut en 1733 âgé de 55 ans : on a cru que dégoûté de la vie il s'était exprès refusé les aliments nécessaires, parce qu'il ne voulut rien prendre, pas même un verre de vin.

Par son testament, il a donné tout ce qu'il possédait, qui n'était pas considérable, à ses Paroissiens, & il a prié qu'on l'enterrât dans son

---

[1] Sainte Menoult.
[2] On dit que le Grand Vicaire de Reims s'est emparé de la troisième copie.

Jardin. On dit que le Grand Vicaire de Reims s'est emparé de la troisième copie.

(3)

» *sent Mémoire, afin qu'il puisse servir de témoignage de*
» *vérité à tous ceux qui le verront & qui le liront si bon*
» *leur semble.* «

On a aussi trouvé parmi les Livres de ce Curé, un imprimé des Traités de Mr. de Fénelon Archevêque de Cambray [Edit. de 1718.] sur l'Existence de Dieu & sur ses attributs, & les Réfléxions du P. Tournemine Jésuite sur l'Athéïsme, auxquels Traités il a mis ses notes en marge signées de sa main.

Il avoit écrit deux Lettres aux Curés de son voisinage, pour leur faire part de ses sentimens &c. Il leur dit qu'il a consigné au Greffe * de la Justice de sa Paroisse une Copie de son Ecrit en 366 feuillets in-8°. mais qu'il craint qu'on ne la supprime, suivant le mauvais usage établi d'empêcher que les simples ne soient instruits, & ne connoissent la vérité. **.

Ce Curé a travaillé toute sa vie en secret pour attaquer toutes les opinions qu'il croyoit fausses.

Il mourut en 1733. âgé de 55 ans : on a cru que dégoûté de la vie il s'étoit exprès refusé les alimens nécessaires, parce qu'il ne voulut rien prendre, pas même un verre de vin.

Par son testament, il a donné tout ce qu'il possédoit, qui n'étoit pas considérable, à ses Paroissiens, & il a prié qu'on l'enterrât dans son Jardin.

* Sainte Menoult.
** On dit que le Grand Vicaire de Reims s'est emparé de la troisiéme copie.

A ij   *AVANT-*

Reproduction d'une page de l'édition originale (NDE).

II. Avant-propos

Vous connaissez, mes frères, mon désintéressement ; je ne sacrifie point ma croyance à un vil intérêt. Si j'ai embrassé une profession si directement opposée à mes sentiments, ce n'est point par cupidité : j'ai obéi à mes parents. Je vous aurais plus tôt éclairés si j'avais pu le faire impunément. Vous êtes témoins de ce que j'avance. Je n'ai point avili mon ministère en exigeant des rétributions qui y sont attachées.

J'atteste le Ciel que j'ai aussi souverainement méprisé ceux qui se riaient de la simplicité des peuples aveuglés, lesquels fournissaient pieusement des sommes considérables pour acheter des prières. Combien n'est pas horrible ce monopole ! Je ne blâme pas le mépris que ceux qui s'engraissent de vos sueurs & de vos peines témoignent pour leurs mystères & leurs superstitions ; mais je déteste leur insatiable cupidité & l'indigne plaisir que leurs pareils prennent à se railler de l'ignorance de ceux qu'ils ont soin d'entretenir dans cet état d'aveuglement.

Qu'ils se contentent de rire de leur propre aisance, mais qu'ils ne multiplient pas du moins les erreurs, en abusant de l'aveugle piété de ceux qui par leur simplicité leur procurent une vie si commode. Vous me rendez sans doute, mes frères, la justice qui m'est due. La sensibilité que j'ai témoignée pour vos peines me garantit du moindre de vos soupçons. Combien de fois ne me suis-je point acquitté gratuitement des fonctions de mon ministère ! Combien de fois aussi ma tendresse n'a-t-elle pas été affligée de ne pouvoir vous secourir aussi souvent & aussi abondamment que je l'aurais souhaité ! Ne vous ai-je pas toujours prouvé que je prenais plus de plaisir à donner qu'à recevoir ? J'ai évité avec soin de vous exhorter à la bigoterie ; & je ne vous ai parlé qu'aussi rarement qu'il m'a été possible de nos malheureux dogmes. Il fallait bien que je m'acquittasse, comme Curé, de mon ministère. Mais aussi combien n'ai-je pas souffert en moi-même, lorsque j'ai été forcé de vous prêcher ces pieux mensonges que je détestais dans le cœur ! Quel mépris n'avais-je pas pour mon ministère, & particulièrement pour cette superstitieuse messe, & ces ridicules administrations de sacrements, surtout lorsqu'il fallait les faire avec cette solennité qui attirait votre piété & toute votre bonne foi ! Que de remords ne m'a point excités votre crédulité ! Mille fois sur le point d'éclater publiquement, j'allais dessiller vos yeux ; mais une crainte supérieure à mes forces me contenait soudain, & m'a forcé au silence jusqu'à ma mort.

III. Extrait des sentiments de Jean Meslier

Adressés à ses Paroissiens, sur une partie des abus & des erreurs en général & en particulier

Chapitre I

Ire Preuve, tirée des motifs qui ont porté les hommes à établir une Religion.

Comme il n'y a aucune secte particulière de Religion qui ne prétende être véritablement fondée sur l'autorité de Dieu, & entièrement exempte de toutes les erreurs & impostures qui se trouvent dans les autres, c'est à ceux qui prétendent établir la vérité de leur secte à faire voir qu'elle est d'institution Divine, par des preuves & des témoignages clairs & convaincants, faute de quoi il faudra tenir pour certain qu'elle n'est que d'invention humaine, pleine d'erreurs & de tromperies car il n'est pas croyable qu'un Dieu tout- puissant, infiniment bon, aurait voulu donner des lois & des ordonnances aux hommes, & qu'il n'aurait pas voulu qu'elles portassent des marques plus sûres

& plus authentiques de vérité que celles des imposteurs qui sont en si grand nombre. Or, il n'y a aucun de nos Christicoles[3], de quelque secte qu'il soit, qui puisse faire voir, par des preuves claires, que sa Religion soit véritablement d'institution Divine ; & pour preuve de cela, c'est que depuis tant de siècles qu'ils sont en contestation sur ce sujet les uns contre les autres, même jusqu'à se persécuter à feu & à sang pour le maintien de leurs opinions, il n'y a eu cependant encore aucun parti d'entre eux qui ait pu convaincre & persuader les autres par de tels témoignages de vérité, ce qui ne serait certainement point, s'il y avait de part & d'autre des raisons ou des preuves claires & sûres d'une institution Divine : car comme personne d'aucune secte de Religion, éclairé & de bonne foi, ne prétend tenir & favoriser l'erreur & le mensonge, & qu'au contraire chacun de son côté prétend soutenir la vérité, le véritable moyen de bannir toutes erreurs, & de réunir tons les hommes en paix dans les mêmes sentiments & dans une même forme de Religion, serait de produire ces preuves & ces témoignages convaincants de la vérité, & de faire voir par là que telle Religion est véritablement d'institution Divine, & non pas aucune des autres. Alors chacun se rendrait à cette vérité, & personne n'oserait entreprendre de combattre ces témoignages,

---

[3] Adorateur du Christ (NDE).

ni soutenir le parti de l'erreur & de l'imposture, qu'il ne fût en même temps confondu par des preuves contraires ; mais comme ces preuves ne se trouvent dans aucune Religion, cela donne lieu aux imposteurs d'inventer & de soutenir hardiment toutes sortes de mensonges.

Voici encore d'autres preuves qui ne feront pas moins clairement voir la fausseté des Religions humaines, & surtout la fausseté de la nôtre.

Chapitre II

IIe Preuve tirée des Erreurs de la Foi.

Toute Religion qui pose pour fondement de ses mystères, & qui prend pour règle de sa doctrine & de sa morale un principe d'erreurs, & qui est même une source funeste de troubles & de divisions éternelles parmi les hommes, ne peut être une véritable Religion, ni être d'institution Divine. Or les Religions humaines, & principalement la catholique, pose pour fondement de sa doctrine & de sa morale un principe d'erreurs. Donc, etc. Je ne vois pas qu'on puisse nier la première proposition de cet argument : elle est trop claire & trop évidente pour pouvoir en douter. Je passe à la preuve de la seconde proposition, qui est que la Religion Chrétienne prend pour règle de sa doctrine & de sa morale ce qu'ils appellent foi, c'est-à-dire une créance aveugle, mais cependant ferme & assurée, de quelques lois, ou de quelques révélations Divines, & de quelque Divinité. Il faut nécessairement qu'elle le suppose ainsi, car c'est cette créance de quelque Divinité & de quelques révélations Divines qui donne tout le crédit & tout l'autorité qu'elle a dans le monde, sans quoi on ne ferait aucun état de ce qu'elle prescrirait. C'est pourquoi il n'y a point de Religion qui ne recommande expressément à ses sectateurs[4] d'être fermes dans leur foi. De là vient que tous les Christicoles tiennent pour maximes que la foi est le commencement & le fondement du salut, & qu'elle est la racine de toute justice & de toute sanctification, comme il est marqué dans le concile de Trente, sess. 6, chap. VIII.

Or il est évident qu'une créance aveugle de tout ce qui se propose sous le nom & l'autorité de Dieu est un principe d'erreurs & de mensonges. Pour preuve, c'est que l'on voit qu'il n'y a aucun imposteur, en matière de Religion, qui ne prétende se couvrir du nom de l'autorité de Dieu, & ne se dise particulièrement inspiré & envoyé de Dieu. Non seulement cette foi & cette créance aveugle, qu'ils posent pour fondement de leur doctrine, est un principe d'erreurs, etc., mais elle est aussi une source funeste de troubles & de divisions parmi les hommes, pour le maintien de leur Religion. Il n'y a point de méchanceté qu'ils n'exercent les uns contre les autres sous ce spécieux prétexte.

Or il n'est pas croyable qu'un Dieu tout-puissant, infiniment bon & sage, voulut se servir d'un tel moyen ni d'une voie si trompeuse pour faire connaître ses volontés aux hommes : car ce serait manifestement vouloir les induire en erreur & leur tendre des pièges pour leur faire embrasser le parti du mensonge. Il

---

[4] Estote ortes in fide.

n'est pareillement pas croyable qu'un Dieu qui aimerait l'union & la paix, le bien & le salut des hommes, eut jamais établi, pour fondement de sa Religion, une source si fatale de troubles & de divisions éternelles parmi les hommes. Donc des Religions pareilles ne peuvent être véritables, ni avoir été instituées de Dieu. Mais je vois bien que nos Christicoles ne manqueront pas de recourir à leurs prétendus motifs de crédibilité, & qu'ils diront que, quoique leur foi & leur créance soient aveugles en un sens, elles ne laissent pas néanmoins d'être appuyées par de si clairs & de si convaincants témoignages de vérité que ce serait non seulement une imprudence, mais une témérité & une grande folie de ne pas vouloir s'y rendre. Ils réduisent ordinairement tous ces prétendus motifs à trois ou quatre chefs.

Le premier, ils le tiennent de la prétendue sainteté de leur Religion, qui condamne le vice, & qui recommande la pratique de la vertu. Sa doctrine est si pure, si simple, à ce qu'ils disent, qu'il est visible qu'elle ne peut venir que de la pureté & de la sainteté d'un Dieu infiniment bon & sage.

Le second motif de crédibilité, ils le tirent de l'innocence & de la sainteté de la vie de ceux qui l'ont embrassée avec amour, & défendue jusqu'à souffrir la mort, & les plus cruels tourments, plutôt que de l'abandonner, n'étant pas croyable que de si grands personnages se soient laissé tromper dans leur créance, qu'ils aient renoncé à tous les avantages de la vie, & se soient exposés à de si cruelles persécutions, pour ne maintenir que des erreurs & des impostures.

Ils tirent leur troisième motif de crédibilité des oracles & des prophéties qui ont été depuis si longtemps rendus en leur faveur, & qu'ils prétendent accomplis d'une façon à n'en point douter. Enfin leur quatrième motif de crédibilité, qui est comme le principal de tous, se tire de la grandeur & de la multitude des miracles faits en tout temps & en tous lieux en faveur de leur Religion.

Mais il est facile de réfuter tous ces vains raisonnements, & de faire connaître la fausseté de tous ces témoignages. Car

1°. Les arguments que nos Christicoles tirent de leurs prétendus motifs de crédibilité peuvent également servir à établir & confirmer le mensonge comme la vérité : car l'on voit effectivement qu'il n'y a point de Religion, si fausse qu'elle puisse être, qui ne prétende s'appuyer sur de semblables motifs de crédibilité ; il n'y en a point qui ne prétende avoir une doctrine saine & véritable, et, au moins en sa manière, qui ne condamne tous les vices, & ne recommande la pratique de toutes les vertus. Il n'y en a point qui n'ait eu de doctes & de zélés défenseurs, qui ont souffert de rudes persécutions pour le maintien & la défense de leur Religion ; & enfin il n'y en a point qui ne prétende avoir des prodiges & des miracles qui ont été faits en sa faveur.

Les Mahométans, les Indiens, les Païens, en allèguent en faveur de leurs Religions aussi bien que les Chrétiens. Si nos Christicoles font état de leurs miracles & de leurs prophéties, il ne s'en trouve pas moins dans les Religions Païennes que dans la leur. Ainsi l'avantage que l'on pourrait tirer de tous ces prétendus motifs de crédibilité se trouve à peu près également dans toutes sortes de Religions.

Cela étant, comme toutes les histoires & la pratique de toutes les Religions le démontrent, il s'ensuit évidemment que tous ces prétendus motifs de crédibilité, dont nos Christicoles veulent tant se prévaloir, se trouvent également dans toutes les Religions, & par conséquent ne peuvent servir de preuves & de témoignages assurés de la vérité de leur Religion, non plus que de la vérité d'aucune : la conséquence est claire.

2°. Pour donner une idée du rapport des miracles du paganisme avec ceux du Christianisme, ne pourrait-on pas dire, par exemple, qu'il y aurait plus de raison de croire Philostrate en ce qu'il récite de la vie d'Apollonius, que de croire tous les Evangélistes ensemble dans ce qu'ils disent des miracles de Jésus-Christ, parce que l'on sait au moins que Philostrate était un homme d'esprit, éloquent & disert, qu'il était secrétaire de l'Impératrice Julie, femme de l'Empereur Sévère, & que ç'a été à la sollicitation de cette Impératrice qu'il écrivit la vie & les actions merveilleuses d'Apollonius ? marque certaine que cet Apollonius s'était rendu fameux par de grandes & extraordinaires actions, puisqu'une Impératrice était si curieuse d'avoir sa vie par écrit ; ce que l'on ne peut nullement dire de J.-C., ni de ceux qui ont écrit sa vie, car ils n'étaient que des ignorants, gens de la lie du peuple ; de pauvres mercenaires, des pêcheurs qui n'avaient pas seulement l'esprit de raconter de suite & par ordre les faits dont ils parlent, & qui se contredisent même très souvent & très grossièrement.

À l'égard de celui dont ils décrivent la vie & les actions, s'il avait véritablement fait les miracles qu'ils lui attribuent, il se serait infailliblement rendu très recommandable par ses belles actions : chacun l'aurait admiré, & on lui aurait érigé des statues, comme on a fait en faveur des dieux ; mais au lieu de cela on l'a regardé comme un homme de néant, un fanatique, etc.

Testament de Jean Meslier (1762)

Josèphe l'historien, après avoir parlé des plus grands miracles rapportés en faveur de sa nation & de sa Religion, en diminue aussitôt la créance & la rend suspecte, en disant qu'il laisse à chacun la liberté d'en croire ce qu'il voudra : marque bien certaine qu'il n'y ajoutait pas beaucoup de foi. C'est aussi ce qui donne lieu aux plus judicieux de regarder les histoires qui parlent de ces sortes de choses comme des narrations fabuleuses. Voyez Montaigne & l'auteur de l'Apologie des grands hommes. On peut aussi voir la relation des missionnaires de l'île de Santorini : il y a trois chapitres de suite sur cette belle matière.

Tout ce que l'on peut dire à ce sujet nous fait clairement voir que les prétendus miracles se peuvent également imaginer en faveur du vice & du mensonge, comme en faveur de la justice & de la vérité.

Je le prouve par le témoignage de ce que nos Christicoles mêmes appellent la parole de Dieu, & par le témoignage de celui qu'ils adorent : car leurs livres, qu'ils disent contenir la parole de Dieu, & le Christ lui-même qu'ils adorent comme un Dieu fait homme, nous marquent expressément qu'il y a non seulement de faux Prophètes, c'est-à-dire des imposteurs qui se disent envoyés de Dieu & qui parlent en son nom, mais nous marquent expressément encore qu'ils font

& qu'ils feront de si grands & si prodigieux miracles que peu s'en faudra que les justes n'en soient séduits. Voy. Matthieu, XXIV, 5, 11, 24, & ailleurs.

De plus, ces prétendus faiseurs de miracles veulent qu'on y ajoute foi, & non à ceux que font les autres d'un parti contraire au leur, se détruisant les uns les autres.

Un jour, un de ces prétendus Prophètes, nommé Sédécias, se voyant contredit par un autre appelé Michée, celui-là donna un soufflet à celui-ci, & lui dit plaisamment[5] : "Par quelle voie l'esprit de Dieu a-t-il passé de moi pour aller à toi ?" Voyez encore III, Reg., XVIII, 40 & autres.

Mais comment ces prétendus miracles seraient-ils des témoignages de vérité, puisqu'il est clair qu'ils n'ont pas été faits ? Car il faudrait savoir : 1° si ceux que l'on dit être les premiers auteurs de ces narrations le sont véritablement ; 2° s'ils étaient gens de probité, dignes de foi, sages & éclairés, & s'ils n'étaient point prévenus en faveur de ceux dont ils parlent si avantageusement ; 3° s'ils ont bien examiné toutes les circonstances des faits qu'ils rapportent, s'ils les ont bien connues, & s'ils les rapportent bien fidèlement ; 4° si les livres ou les histoires anciennes qui rapportent tous ces grands miracles n'ont pas été

---

[5] II. Paral. 18. 23.

falsifiés & corrompus dans la suite du temps, comme quantité d'autres l'ont été.

Que l'on consulte Tacite & quantité d'autres célèbres historiens au sujet de Moïse & de sa nation, on verra qu'ils sont regardés comme une troupe de voleurs & de bandits. La magie & l'astrologie étaient pour lors les seules sciences à la mode ; & comme Moïse était, dit- on, instruit dans la sagesse des Égyptiens, il ne lui fut pas difficile d'inspirer de la vénération & de l'attachement pour sa personne aux enfants de Jacob, rustiques & ignorants, & de leur faire embrasser, dans la misère où ils étaient, la discipline qu'il voulut leur donner. Voilà qui est bien différent de ce que les Juifs & nos Christicoles nous en veulent faire accroire. Par quelle règle certaine connaîtra-t- on qu'il faut ajouter foi à ceux-ci plutôt qu'aux autres ? Il n'y en a certainement aucune raison vraisemblable.

Il y a aussi peu de certitude, & même de vraisemblance, sur les miracles du Nouveau Testament que sur ceux de l'Ancien, pour pouvoir remplir les conditions précédentes.

Il ne servirait de rien de dire que les histoires qui rapportent les faits contenus dans les Evangiles ont été regardées comme saintes & sacrées, qu'elles ont toujours été fidèlement conservées sans aucune altération des vérités qu'elles renferment, puisque c'est peut-être par là même qu'elles doivent être plus suspectes, & d'autant plus corrompues par ceux qui prétendent en tirer avantage, ou qui craignent qu'elles ne leur soient pas assez favorables : l'ordinaire des auteurs qui transcrivent ces sortes d'histoires étant d'y ajouter, d'y changer, ou d'en retrancher tout ce que bon leur semble pour servir à leur dessein.

C'est ce que nos Christicoles mêmes ne sauraient nier, puisque, sans parler de plusieurs autres graves personnages qui ont reconnu les additions, les retranchements & les falsifications qui ont été faites en différents temps, à ce qu'ils appellent leur Écriture sainte, leur St Jérôme, fameux docteur parmi eux, dit formellement en plusieurs endroits de ses prologues qu'elles ont été corrompues & falsifiées, étant déjà de son temps entre les mains de toutes sortes de personnes qui y ajoutaient & en retranchaient tout ce que bon leur semblait : en sorte qu'il y avait, dit-il, autant d'exemplaires différents qu'il y avait de différentes copies.

Voyez ses prologues à Paulin, sa préface sur Josué, son Épître à Galéate, sa préface sur Job, celle sur les Evangiles au pape Damase, celle sur les psaumes à Paul & à Eustachium, etc. Touchant les livres de l'Ancien Testament en particulier, Esdras, prêtre de la Loi, enseigne lui-même avoir corrigé &

remis dans leur entier les prétendus livres sacrés de sa Loi, qui avaient été en partie perdus & en partie corrompus. Il les distribua en vingt-deux livres, selon le nombre des lettres hébraïques, & composa plusieurs autres livres dont la doctrine ne devait se communiquer qu'aux seuls sages.

Si ces livres ont été partie perdus, partie corrompus, comme le témoignent Esdras & le docteur St Jérôme en tant d'endroits, il n'y a donc aucune certitude sur ce qu'ils contiennent ; & quant à ce qu'Esdras dit les avoir corrigés & remis en leur entier par l'inspiration de Dieu même, il n'y a aucune certitude de cela, & il n'y a point d'imposteur qui n'en puisse dire autant

Tous les livres de la Loi de Moïse & des Prophètes qu'on put trouver furent brûlés du temps d'Antiochus. Le Talmud, regardé par les Juifs comme un livre Saint & Sacré, & qui contient toutes les lois Divines, avec les sentences & dits notables des rabbins ; leur exposition, tant sur les lois Divines qu'humaines, & une quantité prodigieuse d'autres secrets & mystères de la langue hébraïque, est regardé par les Chrétiens comme un livre farci de rêveries, de fables, d'impostures, & d'impiétés. En l'année 1559, ils firent brûler à Rome, par le commandement des inquisiteurs de la foi, douze cents de ces Talmuds trouvés dans une bibliothèque de la ville de Crémone.

Les Pharisiens, qui faisaient parmi les Juifs une fameuse secte, ne recevaient que les cinq livres de Moïse, & rejetaient tous les Prophètes. Parmi les Chrétiens, Marcion & ses sectateurs rejetaient les livres de Moïse & les Prophètes, & introduisaient d'autres écritures à la mode ; Carpocrate & ses sectateurs en faisaient de même, & rejetaient tout l'Ancien Testament & maintenaient que Jésus-Christ n'était qu'un homme comme les autres. Les Marcionites & les souverains réprouvaient aussi tout l'Ancien Testament comme mauvais, & rejetaient aussi la plus grande partie des quatre Evangiles, & les Épîtres de St Paul. Les ébionites n'admettaient que le seul Evangile de St Matthieu, rejetant les trois autres, & les Épîtres de St Paul. Les Marcionites publiaient un Evangile sous le nom de St Mathias pour confirmer leur doctrine. Les apostoliques introduisaient d'autres écritures pour maintenir leurs erreurs, & pour cet effet se servaient de certains actes, qu'ils attribuaient à St André & à St Thomas.

Les Manichéens (Chron., page 287) écrivirent un Evangile à leur mode, & rejetaient les écrits des Prophètes & des Apôtres. Les Etzaïtes débitaient un certain livre qu'ils disaient être venu du Ciel ; ils tronçonnaient les autres écritures à leur fantaisie.

Origène même, avec tout son grand esprit, ne laissait pas que de corrompre les Écritures, & forgeait à tous coups des allégories hors de propos, & se détournait, par ce moyen, du sens des Prophètes & des Apôtres, & même avait corrompu quelques-uns des principaux points de la doctrine. Ses livres sont maintenant mutilés & falsifiés : ce ne sont plus que pièces cousues & ramassées par d'autres qui sont venus depuis ; aussi y rencontre-t-on des erreurs & des fautes manifestes. Les Allogiens attribuaient à l'hérétique Cérinthus l'Evangile & l'Apocalypse de St Jean : c'est pourquoi ils les rejetaient. Les hérétiques de nos derniers siècles rejettent comme apocryphes plusieurs livres que les catholiques romains regardent comme saints & sacrés, comme sont les livres de Tobie, de Judith, d'Esther, de Baruch, le Cantique des trois enfants dans la fournaise, l'histoire de Suzanne, & celle de l'Idole de Bel, la Sapience de Salomon, l'Ecclésiastique, le premier & le second livre des Machabées, auxquels livres incertains & douteux on pourrait encore en ajouter plusieurs que l'on attribuait aux autres Apôtres, comme sont, par exemple, le Actes de St Thomas, ses Circuits, son Evangile, & son Apocalypse ; l'Evangile de St Barthélemy, celui de St Mathias, celui de St Jacques, celui de St Pierre, & celui des Apôtres ; comme aussi les Gestes de St Pierre, son livre de la Prédication, & celui de son

Apocalypse ; celui du Jugement, celui de l'Enfance du Sauveur, & plusieurs autres de semblable farine, qui sont tous rejetés comme apocryphes par les catholiques romains, même par le pape Gélase & par les SS. PP. de la communion romaine.

Ce qui confirme d'autant plus qu'il n'y a aucun fondement de certitude touchant l'autorité que l'on prétend donner à ces livres, c'est que ceux qui en maintiennent la Divinité sont obligés d'avouer qu'ils n'auraient aucune certitude pour les fixer si leur foi, disent-ils, ne les en assurait, & ne les obligeait absolument de le croire ainsi. Or, comme la foi n'est qu'un principe d'erreur & d'imposture, comment la foi, c'est-à-dire une créance aveugle, peut-elle rendre certains les livres qui sont eux-mêmes le fondement de cette créance aveugle ? Quelle pitié & quelle démence !

Mais voyons si ces livres portent en eux-mêmes quelque caractère particulier de vérité, comme par exemple d'érudition, de sagesse & de sainteté, ou de quelques autres perfections qui ne puissent convenir qu'à un Dieu, & si les miracles qui y sont cités s'accordent avec ce que l'on devrait penser de la grandeur, de la bonté, de la justice & de la sagesse infinie d'un Dieu tout-puissant.

Premièrement, on verra qu'il n'y a aucune érudition, aucune pensée sublime, ni aucune production qui passe les forces ordinaires de l'esprit humain. Au contraire on n'y verra, d'un côté, que des narrations fabuleuses, comme sont celles de la formation de la femme tirée d'une côte de l'homme, du prétendu paradis terrestre, d'un serpent qui parlait, qui raisonnait, & qui était même plus rusé que l'homme ; d'une ânesse qui parlait, & qui reprenait son maître de ce qu'il la maltraitait mal à propos ; d'un déluge universel, & d'une arche où des animaux de toute espèce étaient renfermés ; de la confusion des langues & de la division des nations, sans parler de quantité d'autres vains récits particuliers sur des sujets bas & frivoles, & que des auteurs graves mépriseraient de rapporter. Toutes ces narrations n'ont pas moins l'air de fables que celles que l'on a inventées sur l'industrie de Prométhée, sur la boîte de Pandore, ou sur la guerre des géants contre les dieux, & autres semblables que les poètes ont inventées pour amuser les hommes de leur temps.

D'un autre côté, on n'y verra qu'un mélange de quantité de lois & d'ordonnances, ou de pratiques superstitieuses, touchant les sacrifices, les purifications de l'ancienne loi, le vain discernement des animaux, dont elle suppose les uns purs & les autres impurs. Ces lois ne sont pas plus respectables que celles des nations les plus idolâtres.

On n'y verra encore que de simples histoires, vraies ou fausses, de plusieurs rois, de plusieurs princes ou particuliers qui auront bien ou mal vécu, ou qui auront fait quelques belles ou mauvaises actions, parmi d'autres actions basses & frivoles qui y sont rapportées aussi. Pour faire tout cela, il est visible qu'il ne fallait pas avoir un grand génie, ni avoir des révélations Divines. Ce n'est pas faire honneur à un Dieu

Enfin on ne voit, dans ces livres, que les discours, la conduite & les actions de ces renommés Prophètes qui se disaient être tout particulièrement inspirés de Dieu. On verra leur manière d'agir & de parler, leurs songes, leurs illusions, leurs rêveries ; & il sera facile de juger qu'ils ressemblaient beaucoup plus à des visionnaires & à des fanatiques qu'à des personnes sages & éclairées.

Il y a cependant dans quelques-uns de ces livres plusieurs bons enseignements & de belles maximes de morale, comme dans les Proverbes attribués à Salomon, dans le livre de la Sagesse & de l'Ecclésiastique ; mais ce même Salomon, le plus sage de leurs écrivains, est aussi le plus incrédule. Il doute même de l'immortalité de l'âme, & il conclut ses ouvrages par dire qu'il n'y a rien de bon que de jouir en paix de son labeur, & de vivre avec ce que l'on aime.

D'ailleurs, combien les auteurs qu'on nomme profanes, Xénophon, Platon, Cicéron, l'Empereur Antonin, l'Empereur Julien, Virgile, etc., sont-ils au-dessus de ces livres qu'on nous dit inspirés de Dieu ! Je crois pouvoir dire que quand il n'y aurait par exemple, que les Fables d'Ésope, elles sont certainement beaucoup plus ingénieuses & plus instructives que ne le sont toutes ces grossières & basses paraboles qui sont rapportées dans les Evangiles.

Mais ce qui fait encore voir que ces sortes de livres ne peuvent venir d'aucune inspiration Divine, c'est qu'outre la bassesse & la grossièreté du style, & le défaut d'ordre dans la narration des faits particuliers qui y sont très mal circonstanciés, on ne voit point que les auteurs s'accordent ; ils se contredisent en plusieurs choses ; ils n'avaient pas même assez de lumières & de talents naturels pour bien rédiger une histoire.

Voici quelques exemples des contradictions qui se trouvent entre eux. L'Evangéliste Matthieu fait descendre Jésus-Christ du roi David par son fils Salomon, jusqu'à Joseph, père au moins putatif de

Jésus- Christ ; & Luc le fait descendre du même David par son fils Nathan jusqu'à Joseph.

Matthieu dit, parlant de Jésus, que le bruit s'étant répandu dans Jérusalem qu'il était né un nouveau roi des Juifs, & que les mages étant venus le chercher pour l'adorer, le roi Hérode, craignant que ce prétendu roi nouveau-né lui ôtât quelque jour la couronne, fit égorger tous les enfants nouvellement nés depuis deux ans, dans tous les environs de Bethléem, ou on lui avait dit que ce nouveau roi devait naître, & que Joseph & la mère de Jésus ayant été avertis en songe, par un ange, de ce mauvais dessein, ils s'enfuirent incontinent en Égypte, où ils demeurèrent jusqu'à la mort d'Hérode, qui n'arriva que plusieurs années après.

Au contraire, Luc marque que Joseph & la mère de Jésus demeurèrent paisiblement durant six semaines dans l'endroit où leur enfant Jésus fut né ; qu'il y fut circoncis suivant la Loi des Juifs, huit jours après sa naissance, & que lorsque le temps prescrit par cette Loi pour la purification de sa mère fut arrivé, elle & Joseph son mari le portèrent à Jérusalem pour le présenter à Dieu dans son temple, & pour offrir en même temps un sacrifice, ce qui était ordonné par la Loi de Dieu ; après quoi ils s'en retournèrent en Galilée dans leur ville de Nazareth, où leur enfant Jésus croissait tous les jours en grâce & en sagesse ;

& que son père & sa mère allaient tous les ans à Jérusalem, aux jours solennels de leur fête de Pâques, si bien que Luc ne fait aucune mention de leur fuite en Égypte, ni de la cruauté d'Hérode envers les enfants de la province de Bethléem.

À l'égard de la cruauté d'Hérode, comme les historiens de ce temps-là n'en parlent point, non plus que Josèphe l'historien, qui a écrit la vie de cet Hérode, & que les autres Evangélistes n'en font aucune mention, il est évident que le voyage de ces mages conduits par une étoile, ce massacre des petits enfants, & cette fuite en Égypte, ne sont qu'un mensonge absurde : car il n'est pas croyable que Josèphe, qui a blâmé les vices de ce roi, eût passé sous silence une action si noire & si détestable, si ce que cet Evangéliste dit eût été vrai.

Sur la durée du temps de la vie publique de Jésus-Christ, suivant ce que disent les trois premiers Evangélistes, il ne pouvait y avoir eu guère plus de trois mois depuis son baptême jusqu'à sa mort, en supposant qu'il avait trente ans lorsqu'il fut baptisé par Jean, comme dit Luc, & qu'il fût né le 25 décembre. Car depuis ce baptême, qui fut l'an 15 de Tibère-César, & l'année qu'Anne & Caïphe étaient grands prêtres, jusqu'au premier Pâque suivant, qui était dans le mois de mars, il n'y avait qu'environ trois mois ; suivant ce que disent les trois premiers

Evangélistes, il fut crucifié la veille du premier Pâque suivant, après son baptême, & la première fois qu'il vint à Jérusalem avec ses disciples, car tout ce qu'ils disent de son baptême, de ses voyages, de ses miracles, de ses prédications, & de sa mort & passion, se doit rapporter nécessairement à la même année de son baptême, puisque ces Evangélistes ne parlent d'aucune autre année suivante, & qu'il paraît même, par la narration qu'ils font de ses actions, qu'il les a toutes faites immédiatement après son baptême, consécutivement les unes après les autres, & en fort peu de temps, pendant lequel on ne voit qu'un seul intervalle de six jours avant sa transfiguration, pendant lesquels six jours on ne voit pas qu'il ait fait aucune chose.

On voit par là qu'il n'aurait vécu, après son baptême, qu'environ trois mois, desquels, si l'on vient à ôter six semaines de quarante jours & quarante nuits qu'il passa dans le désert immédiatement après son baptême, il s'ensuivra que le temps de sa vie publique, depuis ses premières prédications jusqu'à sa mort, n'aura duré qu'environ six semaines ; & suivant ce que Jean dit, il aurait au moins duré trois ans & trois mois, parce qu'il paraît par l'Evangile de cet Apôtre, qu'il aurait été, pendant le cours de sa vie publique, trois ou quatre fois à Jérusalem à la fête de Pâques, qui n'arrivait qu'une fois l'an.

Or s'il est vrai qu'il y ait été trois ou quatre fois depuis son baptême, comme Jean le témoigne, il est faux qu'il n'ait vécu que trois mois après son baptême, & qu'il ait été crucifié la première fois qu'il alla à Jérusalem.

Si l'on dit que ces trois premiers Evangélistes ne parlent effectivement que d'une seule année, mais qu'ils ne marquent pas distinctement les autres qui se sont écoulées depuis son baptême, ou que Jean n'entend parler que d'une seule Pâque, quoiqu'il semble qu'il parle de plusieurs, & que c'est par anticipation qu'il répète plusieurs fois que la fête de Pâques des Juifs était proche, & que Jésus alla à Jérusalem, & par conséquent qu'il n'y a qu'une contrariété apparente sur ce sujet entre ces Evangélistes, je le veux bien ; mais il est constant que cette contrariété apparente ne viendrait que de ce qu'ils ne s'expliquent pas avec toutes les circonstances qui auraient été à remarquer dans le récit qu'ils font. Quoi qu'il en soit, il y a toujours lieu de tirer cette conséquence qu'ils n'étaient donc pas inspirés de Dieu lorsqu'ils ont écrit leurs histoires.

Autre contradiction au sujet de la première chose que Jésus-Christ fit incontinent après son baptême : car les trois premiers Evangélistes disent qu'il fut aussitôt transporté par l'esprit dans un désert, où il jeûna quarante jours & quarante nuits, & où il fut plusieurs fois tenté par le Diable ; et, suivant ce que dit Jean, il partit deux jours après son baptême pour aller en Galilée, où il fit son premier miracle en y changeant l'eau en vin aux noces de Cana, où il se trouva trois jours après son arrivée en Galilée, à plus de trente lieues de l'endroit où il était.

A l'égard du lieu de sa première retraite après sa sortie du désert, Matthieu dit, ch. IV, vers. 13, qu'il s'en vint en Galilée, & que, laissant la ville de Nazareth, il vint demeurer à Capharnaüm, ville maritime ; & Luc, ch. IV, vers. 16 & 31, dit qu'il vint d'abord à Nazareth, & qu'ensuite il vint à Capharnaüm.

Ils se contredisent sur le temps & la manière dont les Apôtres se mirent à sa suite : car les trois premiers disent que Jésus passant sur le bord de la mer de Galilée, il vit Simon & André son frère, & qu'un peu plus loin il vit Jacques & Jean son frère avec leur père Zébédée. Jean, au contraire, dit que ce fut André, frère de Simon Pierre, qui se joignit premièrement à Jésus, avec un autre disciple de Jean-Baptiste, l'ayant vu passer devant eux lorsqu'ils étaient avec leur maître sur les bords du Jourdain.

Au sujet de la cène, les trois premiers Evangélistes marquent que Jésus-Christ fit l'institution du sacrement de son corps & de son sang, sous les espèces & apparences du pain & du vin, comme parlent nos Christicoles romains ; & Jean ne fait aucune mention de ce mystérieux sacrement. Jean dit, ch. XIII, vers. 5, qu'après cette cène Jésus lava les pieds à ses Apôtres, qu'il leur commanda expressément de se faire les uns aux autres la même chose, & rapporte un long discours qu'il leur fit dans ce même temps. Mais les autres Evangélistes ne parlent aucunement de ce lavement de pieds, ni d'un long discours qu'il leur fit pour lors. Au contraire, ils témoignent qu'incontinent après cette cène, il s'en alla avec ses Apôtres sur la montagne des Oliviers, où il abandonna son âme à la tristesse, & qu'enfin il tomba en agonie, pendant que ses Apôtres dormirent un peu plus loin

Ils se contredisent eux-mêmes sur le jour qu'ils disent qu'il fit cette cène : car d'un côté ils marquent qu'il la fit le soir de la veille de Pâques, c'est-à-dire le soir du premier jour des azymes, ou de l'usage des pains sans levain, comme il est marqué dans l'Exode, XII, 18 ; Lévit., XXIII, 5 ; dans les Nomb., XXVIII, 16 ; & d'un autre côté ils disent qu'il fut crucifié le lendemain du jour qu'il fit cette cène, vers l'heure de midi, après que les Juifs lui eurent fait son procès pendant toute la nuit & le matin. Or, suivant leur dire, le lendemain qu'il fit cette cène n'aurait pas dû être la veille de Pâques. Donc, s'il est mort la veille de

Pâques vers le midi, ce n'était point le soir de la veille de cette fête qu'il fit cette cène. Donc il y a erreur manifeste.

Ils se contredisent aussi sur ce qu'ils rapportent des femmes, qui avaient suivi Jésus depuis la Galilée, car les trois premiers Evangélistes disent que ces femmes, & tous ceux de sa connaissance, entre lesquelles étaient Marie Madeleine, & Marie, mère de Jacques & de Joses, & la mère des enfants de Zébédée, regardaient de loin ce qui se passait, lorsqu'il était pendu & attaché à la croix. Jean dit au contraire, XIX, 25, que la mère de Jésus, & la sœur de sa mère, & Marie Madeleine, étaient debout auprès de la croix, avec Jean son Apôtre. La contrariété est manifeste : car si ces femmes & ce disciple étaient près de lui, elles n'étaient donc pas éloignées, comme disent les autres.

Ils se contredisent sur les prétendues apparitions qu'ils rapportent que Jésus-Christ fit après sa prétendue résurrection, car Matthieu, ch. XXXVIII, vers. 9 & 16, ne parle que de deux apparitions l'une, lorsqu'il apparut à Marie Madeleine & à une autre femme nommée aussi Marie, & lorsqu'il apparut à ses onze disciples, qui s'étaient rendus en Galilée sur la montagne qu'il leur avait marquée pour le voir. Marc parle de trois apparitions la première, lorsqu'il apparut à Marie Madeleine ; la seconde, lorsqu'il apparut à ses deux disciples, qui allaient à Emmaüs ; & la troisième, lorsqu'il apparut à ses onze disciples, à qui il fit reproche de leur incrédulité. Luc ne parle que des deux premières apparitions comme Matthieu ; & Jean l'Evangéliste parle de quatre apparitions, & ajoute aux trois de Marc celle qu'il fit à sept ou huit de ses disciples, qui pêchaient sur la mer de Tibériade

Ils se contredisent encore sur le lieu de ces apparitions : car Mathieu dit que ce fut en Galilée, sur une montagne ; Marc dit que ce fut lorsqu'ils étaient à table : Luc dit qu'il les mena hors de Jérusalem, & qu'il les mena jusqu'en Béthanie, où il les quitta en s'élevant au ciel ; & Jean dit que ce fut dans la ville de Jérusalem, dans une maison dont ils avaient fermé les portes ; & une autre fois sur la mer de Tibériade.

Voilà bien de la contrariété dans le récit de ces prétendues apparitions. Ils se contredisent au sujet de sa prétendue ascension au ciel : car Luc & Marc disent positivement qu'il monta au ciel en présence de ses onze Apôtres ; mais ni Matthieu ni Jean ne font aucune mention de cette prétendue ascension. Bien plus, Matthieu témoigne assez clairement qu'il n'est point monté au ciel, puisqu'il dit positivement que Jésus-Christ assura ses Apôtres qu'il serait & qu'il demeurerait toujours avec eux jusqu'à la fin des siècles. « Allez donc, leur dit-il dans cette prétendue apparition, enseignez toutes les nations, & soyez assurés que je serai toujours avec vous jusqu'à la fin des siècles ».

Luc se contredit lui-même sur ce sujet : car dans son Evangile, ch. XXIV, v. 50, il dit que ce fut en Béthanie qu'il monta au ciel en présence de ses Apôtres ; & dans ses Actes des Apôtres, supposé qu'il en soit l'auteur, il dit que ce fut sur la montagne des Oliviers. Il se contredit encore lui-même dans une autre circonstance de cette ascension : car il marque dans son Evangile, que ce fut le jour même de sa résurrection, ou la première nuit suivante, qu'il monta au ciel ; & dans ses Actes des Apôtres il dit que ce fut quarante jours après sa résurrection ; ce qui ne s'accorde certainement pas.

Si tous les Apôtres avaient véritablement vu leur maître monter glorieusement au ciel, comment Matthieu & Jean, qui l'auraient vu comme les autres, auraient-ils passé sous silence un si glorieux mystère, & si avantageux à leur maître, vu qu'ils rapportent quantité d'autres circonstances de sa vie & de ses actions qui sont beaucoup moins considérables que celle-ci ? Comment Matthieu ne fait-il pas mention expresse de cette ascension, & n'explique-t-il pas clairement de quelle manière il demeurerait toujours avec eux, quoiqu'il les quittât visiblement pour monter au ciel ? Il n'est pas facile de comprendre par quel secret il pouvait demeurer avec ceux qu'il quittait.

Testament de Jean Meslier (1762)

Je passe sous silence quantité d'autres contradictions : ce que je viens de dire suffit pour faire voir que ces livres ne viennent d'aucune inspiration Divine, ni même d'aucune sagesse humaine, & par conséquent qu'ils ne méritent pas qu'on y ajoute aucune foi.

Chapitre III

Mais par quel privilège ces quatre Evangiles, & quelques autres semblables livres, passent-ils pour Saints & Divins, plutôt que plusieurs autres qui ne portent pas moins le titre d'Evangile, & qui ont autrefois été, comme les premiers, publiés sous le nom de quelques autres Apôtres ? Si l'on dit que les Evangiles réfutés sont supposés & faussement attribués aux Apôtres, on en peut dire autant des premiers ; si l'on suppose les uns falsifiés & corrompus, on en peut supposer autant pour les autres. Ainsi il n'y a point de preuve assurée pour discerner les uns d'avec les autres, en dépit de l'Église, qui veut en décider ; elle n'est pas plus croyable.

Pour ce qui est des prétendus miracles rapportés dans le Vieux Testament, ils n'auraient été faits que pour marquer, de la part de Dieu, une injuste & odieuse acception de peuples & de personnes, & pour accabler de maux, de propos délibéré, les uns pour favoriser tout particulièrement les autres. La vocation & le choix que Dieu fit des patriarches Abraham, Isaac, & Jacob, pour, de leur postérité, se faire un peuple qu'il sanctifierait & bénirait par-dessus tous les autres peuples de la terre, en est une preuve.

Mais, dira-t-on, Dieu est le maître absolu de ses grâces & de ses bienfaits, il peut les accorder à qui bon lui semble, sans qu'on ait droit de s'en plaindre ni de l'accuser d'injustice. Cette raison est vaine, car Dieu, l'auteur de la nature, le père de tous les hommes, doit également les aimer tous, comme ses propres ouvrages, & par conséquent il doit également être leur protecteur & leur bienfaiteur : car celui qui donne l'être doit donner les suites & les conséquences nécessaires pour le bien-être ; si ce n'est que nos Christicoles veuillent dire que leur Dieu voudrait faire exprès des créatures pour les rendre misérables, ce qu'il serait certainement indigne de penser d'un Être infiniment bon.

De plus, si tous les prétendus miracles tant du Vieux que du Nouveau Testament étaient véritables, on pourrait dire que Dieu aurait eu plus de soin de pourvoir au moindre bien des hommes qu'à leur plus grand & principal bien ; qu'il aurait voulu plus sévèrement punir dans de certaines personnes des fautes légères qu'il n'aurait puni dans d'autres de très grands crimes ; & enfin qu'il n'aurait pas voulu se montrer si bienfaisant dans les plus pressants besoins que dans les moindres. C'est ce qu'il est facile de faire voir, tant par les miracles qu'on prétend qu'il a faits, que par ceux qu'il n'a pas faits, & qu'il aurait néanmoins plutôt faits qu'aucun autre, s'il était vrai qu'il en eût fait. Par exemple, dire que Dieu aurait eu la complaisance d'envoyer un ange pour consoler & secourir une simple servante, pendant qu'il aurait laissé & qu'il laisse encore tous les jours languir & mourir de misère une infinité d'innocents ; qu'il aurait conservé miraculeusement, pendant quarante ans, les habillements & les chaussures d'un misérable peuple, pendant qu'il ne veut pas veiller à la conservation naturelle de tant de biens si utiles & nécessaires pour la subsistance des peuples, & qui se sont néanmoins perdus & se perdent encore tous les jours par différents accidents. Quoi ! Il aurait envoyé aux premiers chefs du genre humain, Adam & Ève, un démon, un Diable, ou un simple serpent, pour les séduire, & pour perdre par ce moyen tous les hommes ? Cela n'est pas croyable. Quoi ! il aurait voulu, par une grâce spéciale de sa Providence, empêcher que le roi de Géraris (Gèrare), Païen, ne tombât dans une faute légère avec une femme étrangère, faute cependant qui n'aurait eu aucune mauvaise suite ; & il n'aurait pas voulu empêcher qu'Adam & Ève ne l'offensassent, & ne tombassent dans le péché de désobéissance, péché qui, selon nos Christicoles, devait être fatal, & causer la perte de tout le genre humain ? Cela n'est pas croyable.

Venons aux prétendus miracles du Nouveau Testament. Ils consistent, comme on le prétend, en ce que Jésus-Christ & ses Apôtres guérissaient divinement toutes sortes de maladies & d'infirmités ; en ce qu'ils rendaient, quand ils voulaient, la vue aux aveugles, l'ouïe aux sourds, la parole aux muets, qu'ils faisaient marcher droit les boiteux, qu'ils guérissaient les paralytiques, qu'ils chassaient les démons des corps des possédés, & qu'ils ressuscitaient les morts.

On voit plusieurs de ces miracles dans les Evangiles ; mais on en voit beaucoup plus dans les livres que nos Christicoles ont faits des vies admirables de leurs saints : car on y lit presque partout que ces prétendus bienheureux guérissaient les maladies & les infirmités, chassaient les démons presque en toute rencontre, & ce, au seul nom de Jésus, ou par le seul signe de la croix ; qu'ils commandaient, pour ainsi dire, aux éléments ; que Dieu les favorisait si fort qu'il leur conservait, même après leur mort, son Divin pouvoir, & que ce Divin pouvoir se serait communiqué jusqu'au moindre de leurs habillements, & même jusqu'à l'ombre de leurs corps, & jusqu'aux instruments honteux de leur mort. Il est dit que la chaussette de St Honoré ressuscita un mort au 6 de janvier ; que les bâtons de St Pierre, de St Jacques & de St Bernard, opéraient des miracles. On dit de même de la corde de St François, du bâton de St Jean de Dieu, & de la ceinture de sainte

Mélanie. Il est dit : de St Gracilien qu'il fut Divinement instruit de ce qu'il devait croire & enseigner, & qu'il fit, par le mérite de son oraison, reculer une montagne qui l'empêchait de bâtir une église ; que du sépulcre de St André il en coulait sans cesse une liqueur qui guérissait toutes sortes de maladies ; que l'âme de St Benoît fut vue monter au ciel, revêtue d'un précieux manteau & environnée de lampes ardentes ; St Dominique disait que Dieu ne l'avait jamais éconduit de choses qu'il lui eût demandées ; que St François commandait aux hirondelles, aux cygnes & autres oiseaux, qu'ils lui obéissaient, & que souvent les poissons, les lapins & les lièvres, venaient se mettre entre ses mains & dans son giron ; que St Paul & St Pantaléon, ayant eu la tête tranchée, il en sortit du lait au lieu de sang ; que le bienheureux Pierre de Luxembourg, dans les deux premières années d'après sa mort, 1388 & 1389, fit deux mille quatre cents miracles, entre lesquels il y eut quarante deux morts ressuscités, non compris plus de trois mille autres miracles qu'il a faits depuis, sans ceux qu'il fait encore tous les jours ; que les cinquante philosophes que sainte Catherine convertit ayant tous été jetés dans un grand feu, leurs corps furent après trouvés entiers, & pas un seul de leurs cheveux brûlé ; que le corps de sainte Catherine fut enlevé par les anges après sa mort, & enterré par eux sur le mont Sinaï ;

que le jour de la canonisation de St Antoine de Padoue toutes les cloches de la ville de Lisbonne sonnèrent d'elles-mêmes sans que l'on sût d'où cela venait ; que ce saint étant un jour sur le bord de la mer, & ayant appelé les poissons pour les prêcher, ils vinrent devant lui en foule, et, mettant la tête hors de l'eau, ils l'écoutaient attentivement. On ne finirait point s'il fallait rapporter toutes ces balivernes ; il n'y a sujet si vain & si frivole, & même si ridicule, où les auteurs de ces Vies de saints ne prennent plaisir d'entasser miracles sur miracles, tant ils sont habiles à forger de beaux mensonges. Voyez aussi le sentiment de Naudé sur cette matière, dans son Apologie des grands hommes, chap. Ier, page 13.

Ce n'est pas sans raison, en effet, que l'on regarde ces choses comme de vains mensonges : car il est facile de voir que tous ces prétendus miracles n'ont été inventés qu'à l'imitation des fables des poètes Païens ; c'est ce qui paraît assez visiblement par la conformité qu'il y a des uns aux autres.

Si nos Christicoles disent que Dieu donnait véritablement pouvoir à ses saints de faire tous les miracles rapportés dans leurs vies, de même aussi les Païens disent que les filles d'Anius, grand prêtre d'Apollon, avaient véritablement reçu du dieu Bacchus la faveur & le pouvoir de changer tout ce qu'elles voudraient en blé, en vin, en huile, etc. ; que

Jupiter donna aux nymphes qui eurent soin de son éducation une corne de la chèvre qui l'avait allaité dans son enfance, avec cette propriété qu'elle leur fournissait abondamment tout ce qui leur venait à souhait.

Si nos Christicoles disent que leurs saints avaient le pouvoir de ressusciter les morts, & qu'ils avaient des révélations Divines, les Païens avaient dit avant eux qu'Athalide, fils de Mercure, avait obtenu de son père le don de pouvoir vivre, mourir & ressusciter quand il voudrait ; qu'il avait aussi la connaissance de tout ce qui se faisait au monde, & en l'autre vie ; & qu'Esculape, fils d'Apollon, avait ressuscité des morts, & entre autres qu'il ressuscita Hippolyte, fils de Thésée, à la prière de Diane, & qu'Hercule ressuscita aussi Alceste, femme d'Admète, roi de Thessalie, pour la rendre à son mari.

Si nos Christicoles disent que leur Christ est né miraculeusement d'une vierge, sans connaissance d'homme, les Païens avaient déjà dit avant eux que Rémus & Romulus, fondateurs de Rome, étaient miraculeusement nés d'une vierge vestale nommée Ilia, ou Silvia, ou Rhéa Silvia ; ils avaient déjà dit que Mars, Argé, Vulcain, & autres, avaient été engendrés de la déesse Junon, sans connaissance d'homme, & avaient déjà dit aussi que Minerve, déesse des sciences, avait été engendrée dans le cerveau de

Jupiter, & qu'elle en sortit tout armée, par la force d'un coup de poing, dont ce Dieu se frappa la tête.

Si nos Christicoles disent que leurs Saints faisaient sortir des fontaines d'eau des rochers, les Païens disent de même que Minerve fit jaillir une fontaine d'huile, en récompense d'un temple qu'on lui avait dédié.

Si nos Christicoles se vantent d'avoir reçu miraculeusement des images du Ciel, comme, par exemple, celles de Notre-Dame de Lorette & de Liesse, & plusieurs autres présents du Ciel, comme la prétendue sainte ampoule de Reims, comme la chasuble blanche que St Ildefonse reçut de la vierge Marie, & autres choses semblables, les Païens se vantaient avant eux d'avoir reçu un bouclier sacré, pour marque de la conservation de leur ville de Rome ; & les Troyens se vantaient avant eux d'avoir reçu miraculeusement du ciel leur Palladium, ou leur simulacre de Pallas, qui vint, disaient-ils, prendre sa place dans le temple qu'on avait édifié à l'honneur de cette déesse.

Si nos Christicoles disent que leur Jésus-Christ fut vu par ses Apôtres monter glorieusement au ciel, & que plusieurs âmes de leurs prétendus Saints furent vues transférées glorieusement au ciel par les anges, les Païens romains avaient déjà dit avant eux que Romulus, leur fondateur, fut vu tout glorieux après sa mort ; que Ganymède, fils de Tros, roi de Troie, fut, par Jupiter, transporté au ciel pour lui servir d'échanson ; que la chevelure de Bérénice, ayant été consacrée au temple de Vénus, fut après transportée au ciel ; ils disent la même chose de Cassiopée & d'Andromède, & même de l'âne de Silène.

Si nos Christicoles disent que plusieurs corps de leurs Saints ont été miraculeusement préservés de corruption après leur mort, & qu'ils ont été retrouvés par des révélations Divines, après avoir été un fort long temps perdus sans savoir où ils pouvaient être, les Païens en disent de même du corps d'Oreste, qu'ils prétendent avoir été trouvé par l'avertissement de l'oracle, etc.

Si nos Christicoles disent que les sept frères dormants dormirent miraculeusement pendant cent soixante-dix-sept ans qu'ils furent enfermés dans une caverne, les Païens disent qu'Épiménide le philosophe dormit pendant cinquante-sept ans dans une caverne où il s'était endormi.

Si nos Christicoles disent que plusieurs de leurs saints parlaient encore miraculeusement après avoir eu la tête ou la langue coupée, les Païens disent que la tête de Gabienus chanta un long poème après avoir été séparée de son corps.

Si nos Christicoles se glorifient de ce que leurs temples & églises sont ornés de plusieurs tableaux & riches présents, qui montrent les guérisons miraculeuses qui ont été faites par l'intercession de leurs saints, on voit aussi, ou du moins on voyait autrefois, dans le temple d'Esculape, en Épidaure, quantité de tableaux des cures & guérisons miraculeuses qu'il avait faites.

Chapitre IV

Conformité des anciens & nouveaux miracles

Si nos Christicoles disent que plusieurs de leurs saints ont été miraculeusement conservés dans les flammes ardentes, sans y recevoir aucun dommage dans leurs corps ni dans leurs habits, les Païens disaient que les religieuses du temple de Diane marchaient sur les charbons ardents pieds nus, sans se brûler & sans se blesser les pieds, & que les prêtres de la déesse Féronie & de Hirpicus marchaient de même sur des charbons ardents, dans les feux de joie que l'on faisait à l'honneur d'Apollon.

Si les anges bâtirent une chapelle à St Clément au fond de la mer, la petite maison de Baucis & de Philémon fut miraculeusement changée en un superbe temple, en récompense de leur piété,

Si plusieurs de leurs saints, comme St Jacques, St Maurice, etc., ont plusieurs fois paru dans leurs armées, montés & équipés à l'avantage, combattre en leur faveur, Castor & Pollux ont paru plusieurs fois en bataille combattre pour les Romains contre leurs ennemis.

Si un bélier se trouva miraculeusement pour être offert en sacrifice à la place d'Isaac, lorsque son père Abraham le voulait sacrifier, la déesse Vesta envoya aussi une génisse pour lui être sacrifiée à la place de Métella, fille de Métellus ; la déesse Diane envoya de même une biche à la place d'Iphigénie, lorsqu'elle était sur le bûcher pour lui être immolée, & par ce moyen Iphigénie fut délivrée.

Si St Joseph fuit en Égypte sur l'avertissement de l'ange, Simonides, le poète, évita plusieurs dangers mortels sur un avertissement miraculeux qui lui en fut fait.

Si Moïse fit sortir une source d'eau vive d'un rocher en le frappant de son bâton, le cheval Pégase en fit autant, en frappant de son pied un rocher : il en sortit une fontaine.

Si St Vincent Ferrier ressuscita un mort haché en pièces, & dont le corps était déjà moitié cuit & moitié rôti, Pélops, fils de Tantale roi de Phrygie, ayant été mis en pièces par son père pour le faire manger aux dieux, ils en ramassèrent tous les membres, les réunirent, & lui rendirent la vie.

Si plusieurs crucifix & autres images ont miraculeusement parlé & rendu des réponses, les Païens disent que leurs oracles ont Divinement parlé & rendu des réponses à ceux qui les consultaient, & que la tête d'Orphée & celle de Polycrate rendaient des oracles après leur mort.

Si Dieu fit connaître par une voix du ciel que Jésus-Christ était son fils, comme le citent les Evangélistes, Vulcain fit voir, par l'apparition d'une flamme miraculeuse, que Coeculus était véritablement son fils.

Si Dieu a miraculeusement nourri quelques-uns de ses saints, les poètes Païens disent que Triptolème fut miraculeusement nourri d'un lait Divin par Cérès, qui lui donna aussi un char attelé de deux dragons ; & que Phénée, fils de Mars, étant sorti du ventre de sa mère déjà morte, fut néanmoins miraculeusement nourri de son lait.

Si plusieurs saints ont miraculeusement adouci la cruauté & la férocité des bêtes les plus cruelles, il est dit qu'Orphée attirait à lui, par la douceur de son chant & l'harmonie de ses instruments, les lions, les ours & les tigres, & adoucissait la férocité de leur nature ; qu'il attirait à lui les rochers, les arbres, & même que les rivières arrêtaient leur cours pour l'entendre chanter.

Enfin, pour abréger, car on en pourrait rapporter bien d'autres, si nos Christicoles disent que les murailles de la ville de Jéricho tombèrent par le son des trompettes, les Païens disent que les murailles de la ville de Thèbes furent bâties par le son des instruments de musique d'Amphion, les pierres, disent les poètes, s'étant agencées d'elles-mêmes par la douceur de son harmonie : ce qui serait encore bien plus miraculeux & plus admirable que de voir tomber des murailles par terre.

Voilà certainement une grande conformité de miracles de part & d'autre. Comme ce serait une grande sottise d'ajouter foi à ces prétendus miracles du paganisme, ce n'en est pas moins une d'en ajouter à ceux du Christianisme, puisqu'ils ne viennent tous que d'un même principe d'erreur. C'était pour cela aussi que les manichéens & les ariens, qui étaient vers le commencement du Christianisme, se moquaient de ces prétendus miracles, faits par l'invocation des saints, & blâmaient ceux qui les invoquaient après leur mort, & qui honoraient leurs reliques.

Revenons à présent à la principale fin que Dieu se serait proposée en envoyant son Fils au monde, qui se serait fait homme : ç'aurait été, comme il est dit, d'ôter les péchés du monde, & de détruire entièrement les œuvres du prétendu démon, etc. ; c'est ce que nos Christicoles soutiennent, comme aussi que Jésus-Christ aurait bien voulu mourir pour l'amour d'eux, suivant l'intention de Dieu son père, ce qui est clairement marqué dans tous les prétendus saints livres.

Chapitre V

IIIe Preuve de la fausseté de la Religion, tirée des prétendues Visions & Révélations Divines.

Venons aux prétendues visions & révélations Divines, sur lesquelles nos Christicoles fondent & établissent la vérité & la certitude de leur Religion.

Pour en donner une juste idée, je ne crois pas qu'on puisse mieux faire que de dire en général qu'elles sont telles que si quelqu'un osait maintenant se vanter d'en avoir de semblables, & qu'il voulût s'en prévaloir, on le regarderait infailliblement comme un fou, un fanatique.

Voici quelles furent ces prétendues visions & révélations Divines.

Dieu, disent les prétendus saints livres, s'étant pour la première fois apparu à Abraham, lui dit : "Sortez de votre pays (il était alors en Chaldée), quittez la maison de votre père, & allez- vous-en au pays que je vous montrerai." Cet Abraham y étant allé, Dieu, dit l'histoire, Gen. XII, 7, s'apparut une seconde fois à lui, & lui dit : "Je donnerai tout ce pays-ci où vous êtes à votre postérité." En reconnaissance de cette gracieuse promesse, Abraham lui dressa un autel.

Après la mort d'Isaac, son fils Jacob allant un jour en Mésopotamie pour chercher une femme qui lui fût convenable, ayant marché tout, le jour, se sentant fatigué du chemin, il voulut se reposer sur le soir ; couché par terre, sa tête appuyée sur quelques pierres pour s'y reposer, il s'endormit, & pendant son sommeil il vit en songe une échelle dressée de la terre à l'extrémité du ciel, & il lui semblait voir les anges monter & descendre par cette échelle, & qu'il voyait Dieu lui-même s'appuyer sur le plus haut bout, lui disant : « Je suis le Seigneur, le Dieu d'Abraham & le Dieu d'Isaac votre père ; je vous donnerai, à vous & à votre postérité, tout le pays où vous dormez ; elle sera aussi nombreuse que la poussière de la terre ; elle s'étendra depuis l'orient jusqu'à l'occident, & depuis le midi jusqu'au septentrion ; je serai votre protecteur partout où vous irez ; je vous ramènerai sain & sauf de cette terre, & je ne vous abandonnerai point que je n'aie accompli tout ce que je vous ai promis. » Jacob, s'étant éveillé dans ce songe, fut saisi de crainte & dit : « Quoi ! Dieu est vraiment ici, & je n'en savais rien ! Ah, que ce lieu-ci est terrible, puisque ce n'est autre chose que la maison de Dieu & la porte du ciel ! » Puis, s'étant levé, il dressa une pierre, sur laquelle il répandit de l'huile en mémoire de ce qui venait de lui arriver, & fit en même temps voeu à Dieu que s'il revenait sain & sauf il lui offrirait la dîme de tout ce qu'il aurait.

Voici encore une autre vision. Gardant les troupeaux de son beau- père Laban, qui lui avait promis que tous les agneaux de diverses couleurs que les brebis produiraient seraient sa récompense, il songea une nuit qu'il voyait les mâles sauter sur les femelles, & qu'elles lui produisaient toutes des agneaux de diverses couleurs. Dans ce beau songe, Dieu lui apparut, & lui dit :[6] « Regardez & voyez comme les mâles montent sur les femelles, & comme ils sont de diverses couleurs ; car j'ai vu la tromperie & l'injustice que vous fait Laban votre beau-père levez-vous donc maintenant ; sortez de ce pays-ci, & retournez dans le votre. » Comme il s'en retournait avec toute sa famille, & avec ce qu'il avait gagné chez son beau-père, il eut, dit l'histoire, en rencontre, pendant la nuit, un homme inconnu, contre lequel il lui fallut combattre toute la nuit jusqu'au point du jour ; & cet homme ne l'ayant pu vaincre, il lui demanda qui il était ; Jacob lui dit son nom. « Vous ne serez plus appelé Jacob, mais Israël : car puisque vous avez été fort en combattant contre Dieu, à plus forte raison serez-vous fort en combattant contre les hommes. » (Gen. XXXII, 25, 28

---

[6] Gen. 31. 12.

Voilà quelles furent en partie les premières de ces prétendues visions & révélations Divines. Il ne faut pas juger autrement des autres que de celles-ci. Or, quelle apparence de Divinité y a-t-il dans des songes si grossiers & dans des illusions si vaines ? Si quelques personnes venaient maintenant nous conter de pareilles sornettes, & les crussent pour de véritables révélations Divines ; comme, par exemple, si quelques étrangers, quelques Allemands venus dans notre France, & qui auraient vu toutes les plus belles provinces du royaume, venaient à dire que Dieu leur serait apparu dans leur pays, qu'il leur aurait dit de venir en France, & qu'il leur donnerait à eux & à tous leurs descendants toutes les belles terres, seigneuries & provinces de ce royaume, qui sont depuis les fleuves du Rhin & du Rhône jusqu'à la mer Océane ; qu'il ferait une éternelle alliance avec eux, qu'il multiplierait leur race, qu'il rendrait leur postérité aussi nombreuse que les étoiles du ciel & que les grains de sable de la mer, etc. ; qui ne rirait de telles sottises, & qui ne regarderait ces étrangers comme des fous ? Il n'y a certainement personne qui ne les regardât comme tels, & qui ne se moquât de toutes ces belles visions & révélations Divines.

Or il n'y a aucune raison de juger ni de penser autrement de tout ce qu'on fait dire à ces grands prétendus saints patriarches, Abraham, Isaac &

Jean Meslier

Jacob, sur les prétendues révélations Divines qu'ils disaient avoir eues.

À l'égard de l'institution des sacrifices sanglants, les livres sacrés l'attribuent manifestement à Dieu. Comme il serait trop ennuyeux de faire les détails dégoûtants de ces sortes de sacrifices, je renvoie le lecteur à l'Exode, chapitre XXV, 1 ; XXVII, 1 & 21 ; XXVIII, 3 ; XXIX ; ibid., v, 2, 4, 5, 6, 7, 8, 9, 10, 11.

Mais les hommes n'étaient-ils pas bien fous & bien aveuglés de croire faire honneur à Dieu de déchirer, tuer & brûler ses propres créatures, sous prétexte de lui en faire des sacrifices ? & maintenant encore, comment est-ce que nos Christicoles sont si extravagants que de croire faire un plaisir extrême à leur Dieu le Père, de lui offrir éternellement en sacrifice son Divin Fils, en mémoire de ce qu'il aurait été honteusement & misérablement pendu à une croix où il serait expiré ? Certainement cela ne peut venir que d'un opiniâtre aveuglement d'esprit.

À l'égard du détail des sacrifices d'animaux, il ne consiste qu'en des vêtements de couleurs, en sang, fressures, foies, jabots, rognons, ongles, peaux, fiente, fumée, gâteaux, certaines mesures d'huile & de vin : le tout offert & infecté de cérémonies sales & aussi pitoyables que des opérations de magie les plus extravagantes.

Ce qu'il y a de plus horrible, c'est que la Loi de ce détestable peuple Juif ordonnait aussi que l'on sacrifiât des hommes. Les barbares (tels qu'ils soient) qui avaient rédigé cette Loi affreuse ordonnaient, Levit., chap. XXVII, que l'on fit mourir, sans miséricorde, tout homme qui avait été voué au Dieu des Juifs, qu'ils nommaient Adonaï ; & c'est selon ce précepte exécrable que Jephté immola sa fille, que Saül voulut immoler son fils

Mais voici encore une preuve de la fausseté de ces révélations dont nous avons parlé. C'est le défaut d'accomplissement des grandes & magnifiques promesses qui les accompagnaient : car il est constant que ces promesses n'ont jamais été accomplies.

La preuve de cela consiste en trois choses principales : 1° à rendre leur postérité plus nombreuse que tous les autres peuples de la terre, etc. ; 2° à rendre le peuple qui viendrait de leur race le plus heureux, le plus saint & le plus triomphant de tous les peuples de la terre, etc. ; 3° & aussi à rendre son alliance éternelle, & qu'ils posséderaient à jamais le pays qu'il leur donnerait. Or il est constant que ces promesses n'ont jamais été accomplies.

Premièrement, il est certain que le peuple Juif, ou le peuple d'Israël, qui est le seul qu'on puisse regarder comme descendant des patriarches Abraham, Isaac & Jacob, & le seul dans lequel ces promesses auraient dû s'accomplir, n'a jamais été si nombreux pour qu'il puisse être comparable en nombre aux autres peuples de la terre, beaucoup moins, par conséquent, aux grains de sable, etc. ; car l'on voit que dans le temps même qu'il a été le plus nombreux & le plus florissant il n'a jamais occupé que les petites provinces stériles de la Palestine & des environs, qui ne sont presque rien en comparaison de la vaste étendue d'une multitude de royaumes florissants qui sont de tous côtés sur la terre.

Secondement, elles n'ont jamais été accomplies touchant les grandes bénédictions dont ils auraient dû être favorisés : car quoiqu'ils aient remporté quelques petites victoires sur de pauvres peuples qu'ils ont pillés, cela n'a pas empêché qu'ils n'aient été le plus souvent vaincus & réduits en servitude, leur royaume détruit, aussi bien que leur nation, par l'armée des Romains ; & maintenant encore nous voyons que le reste de cette malheureuse nation n'est regardé que comme le peuple le plus vil & le plus méprisable de toute la terre, n'ayant en aucun endroit ni domination ni supériorité.

Troisièmement. Enfin ces promesses n'ont point été non plus accomplies à l'égard de cette alliance éternelle que Dieu aurait dû faire avec eux, puisque l'on ne voit maintenant, & que l'on n'a même jamais vu aucune marque de cette alliance ; & qu'au contraire ils sont, depuis plusieurs siècles, exclus de la possession du petit pays qu'ils prétendent leur avoir été promis de la part de Dieu pour en jouir à tout jamais. Ainsi toutes ces prétendues promesses n'ayant pas en leur effet, c'est une marque assurée de leur fausseté : ce qui prouve manifestement encore que ces prétendus saints & sacrés livres qui les contiennent n'ont pas été faits par l'inspiration de Dieu. Donc c'est en vain que nos Christicoles prétendent s'en servir comme d'un témoignage infaillible pour prouver la vérité de leur Religion.

Quoi ! un Dieu tout-puissant, & qui aurait voulu se faire homme mortel pour l'amour d'eux, & répandre jusqu'à la dernière goutte de son sang pour les sauver tous, aurait voulu borner sa puissance à guérir seulement quelques maladies & quelques infirmités du corps, dans quelques infirmes qu'on lui aurait présentés, & il n'aurait pas voulu employer sa bonté Divine à guérir toutes les infirmités de nos âmes, c'est-à-dire à guérir tous les hommes de leurs vices & de leurs dérèglements, qui sont pires que les maladies du corps ! Cela n'est pas croyable. Quoi ! un Dieu si bon aurait voulu miraculeusement préserver des corps morts de pourriture & de corruption, & il n'aurait pas voulu de même préserver de la contagion

Jean Meslier

& de la corruption du vice & du péché les âmes d'une infinité de personnes qu'il serait venu racheter au prix de son sang, & qu'il devait sanctifier par sa grâce ! Quelle pitoyable contradiction !

Chapitre VI

De l'Ancien Testament

Nos Christicoles mettent encore au rang des motifs de crédibilité, & des preuves certaines de la vérité de leur Religion, les prophéties, qui sont, prétendent-ils, des témoignages assurés de la vérité des révélations ou inspirations de Dieu, n'y ayant que Dieu seul qui puisse certainement prédire les choses futures si longtemps avant qu'elles soient arrivées, comme sont celles qui ont été prédites par les Prophètes.

Voyons donc ce que c'est que ces prétendus Prophètes, & si l'on en doit faire tant d'état que nos Christicoles le prétendent.

Ces hommes n'étaient que des visionnaires & des fanatiques, qui agissaient & parlaient suivant les impulsions ou les transports de leurs passions dominantes, & qui s'imaginaient cependant que c'était par l'esprit de Dieu qu'ils agissaient & qu'ils parlaient ; ou bien c'était des imposteurs qui contrefaisaient les ' Prophètes, & qui, pour tromper plus facilement les ignorants & les simples, se vantaient d'agir & de parler par l'esprit de Dieu.

Je voudrais bien savoir comment serait reçu un Ézéchiel qui dit, chap. III & IV, que Dieu lui a fait manger à son déjeuner un livre de parchemin ; lui a ordonné de se faire lier comme un fou ; lui a prescrit de se coucher trois cent quatre-vingt-dix jours sur le côté droit, & quarante sur le gauche ; lui a commandé de manger de la merde sur son pain, & ensuite, par accommodement, de la fiente de boeuf ? Je demande comment un pareil extravagant serait reçu chez les plus imbéciles même de tous nos provinciaux ?

Quelle plus grande preuve encore de la fausseté de ces prétendues prédictions que les reproches violents que ces Prophètes se faisaient les uns aux autres, de ce qu'ils parlaient faussement au nom de Dieu ; reproches même qu'ils se faisaient, disaient-ils, de la part de Dieu ? Voyez Ézéch., XIII, 3 ; Sophon., III, 4 ; & Jérem., II, 8.

Ils disent tous : Gardez-vous des faux Prophètes, comme les vendeurs de Mithridate disent : Gardez-vous des pilules contrefaites.

Ces malheureux font parler Dieu d'une manière dont un crocheteur n'oserait parler. Dieu dit, au vingt-troisième chap. d'Ézéchiel, que la jeune Oolla n'aime que ceux qui ont membre d'âne & sperme de cheval.' Comment ces fourbes insensés auraient-ils connu l'avenir ? Nulle prédiction en faveur de leur nation juive n'a été accomplie.

Le nombre des prophéties qui prédisent la félicité & la grandeur de Jérusalem est presque innombrable ; aussi, dira-t-on, il est très naturel qu'un peuple vaincu & captif se console dans ses maux réels par des espérances imaginaires ; comme il ne s'est pas passé une année depuis la destitution du roi Jacques, que les Irlandais de son parti n'aient forgé plusieurs prophéties en sa faveur

Mais si ces promesses faites aux Juifs se fussent effectivement trouvées véritables, il y aurait déjà longtemps que la nation juive aurait été & serait encore le peuple le plus nombreux, le plus puissant, le plus heureux & le plus triomphant. Testament de Jean Meslier (1762) 47

DEUXIÈME SECTION
Du Nouveau Testament

Il faut maintenant examiner les prétendues prophéties contenues dans les Evangiles.

Premièrement. Un ange s'étant apparu en songe à un nommé Joseph, père au moins putatif de Jésus fils de Marie, lui dit « Joseph, fils de David, ne craignez point de prendre chez vous Marie votre épouse : car ce qui est dans elle est l'ouvrage du Saint-Esprit[7]. Elle vous enfantera un fils que vous appellerez Jésus, parce que ce sera lui qui délivrera son peuple de ses péchés. » Cet ange dit aussi à Marie : « Ne craignez point, parce que vous avez trouvé grâce devant Dieu. Je vous déclare que vous concevrez dans votre sein & que vous enfanterez un fils que vous nommerez Jésus. Il sera grand, sera appelé le fils du Très Haut. Le Seigneur Dieu lui donnera le trône de David son père ; il régnera à jamais dans la maison de Jacob, & son règne n'aura point de fin. » (Matth., I, 20, & Luc., I, 30.) Jésus commença à prêcher & à dire « Faites pénitence, car le royaume du ciel approche. (Matth., IV, 17.) Ne vous mettez pas en peine, & ne dites pas : Que mangerons-nous ou boirons-nous ? ou de quoi serons-nous vêtus ? car votre père céleste sait que toutes ces choses vous sont nécessaires. Cherchez donc premièrement le royaume de Dieu & sa justice, & toutes ces choses vous seront données pour surcroît. » (Matth.,VI, 31,32,33.)

Or, maintenant que tout homme qui n'a pas perdu le sens commun examine un peu si ce Jésus a été jamais roi, si ses disciples ont eu Combien, dit Montagne, y a-t-il d'histoires de semblables cocuages

---

[7] *Combien*, dit Montagne, *y a-t-il d'histoires de semblables cocuages procurés par les Dieux, contre les pauvres humains etc*. Ess. P. 500.

procurés par les Dieux, contre les pauvres humains etc. Ess. P. 500. toutes choses en abondance.

Ce Jésus promet souvent qu'il délivrera le monde du péché. Y a-t- il une prophétie plus fausse, & notre siècle n'en est-il pas une preuve parlante ?

Il est dit que Jésus est venu sauver son peuple. Quelle façon de le sauver ! C'est la plus grande partie qui donne la dénomination à une chose : une douzaine ou deux, par exemple, d'Espagnols ou de Français, ne sont pas le peuple français ou le peuple espagnol ; & si une armée de cent vingt mille hommes était faite prisonnière de guerre par une plus forte armée d'ennemis, & si le chef de cette armée rachetait seulement quelques hommes, comme dix à douze soldats ou officiers, en payant leur rançon, on ne dirait pas pour cela qu'il aurait délivré ou racheté son armée. Qu'est-ce donc qu'un dieu qui vient se faire crucifier & mourir pour sauver tout le monde, & qui laisse tant de nations damnées ? Quelle pitié & quelle horreur !

Jésus-Christ dit qu'il n'y a qu'à demander & qu'on recevra, qu'à chercher & qu'on trouvera. Il assure que tout ce qu'on demandera à Dieu en son nom on l'obtiendra ; & que si l'on avait seulement la grosseur d'un grain de moutarde de foi, l'on ferait, par une seule parole, transporter des montagnes d'un endroit à un autre. Si cette promesse est véritable, rien ne paraîtrait impossible à nos Christicoles qui ont la foi à leur Christ. Cependant tout le contraire arrive.

Si Mahomet eût fait de semblables promesses à ses sectateurs que le Christ en a fait aux siens sans aucun succès, que ne dirait-on pas ? On crierait : Ah, le fourbe ! Ah, l'imposteur ! Ah, les fous de croire un tel imposteur ! Les voilà ces Christicoles eux-mêmes dans le cas : il y a longtemps qu'ils y sont sans revenir de leur aveuglement ; au contraire, ils sont si ingénieux à se tromper qu'ils prétendent que ces promesses ont eu leur accomplissement dès le commencement du Christianisme étant pour lors, disent-ils, nécessaire qu'il y eût des miracles afin de convaincre les incrédules de la vérité de la Religion ; mais que, cette Religion étant suffisamment établie, les miracles n'ont plus été nécessaires : où est donc la certitude de cette proposition ?

D'ailleurs celui qui a fait ces promesses ne les a pas restreintes seulement pour un certain temps, ni pour certains lieux, ni pour certaines personnes en particulier, mais il les a faites généralement a tout le monde. « La foi de ceux qui croiront, dit-il, sera suivie de ces miracles : ils chasseront les démons en mon nom ; ils parleront diverses langues ; ils toucheront les serpents, etc. »

À l'égard du transport des montagnes, il dit positivement que quiconque dira à une montagne : Ôte-toi de là, & te jette dans la mer, pourvu qu'il n'hésite pas en son cœur, mais qu'il croie, tout ce qu'il commandera sera fait. Ne sont-ce pas des promesses qui sont tout à fait générales, sans restriction de temps, de lieu, ni de personnes ?

Il est dit que toutes les sectes d'erreurs & d'impostures prendront honteusement fin. Mais si Jésus-Christ entend seulement dire qu'il a fondé & établi une société de sectateurs qui ne tomberaient point dans le vice ni dans l'erreur, ces paroles sont absolument fausses, puisqu'il n'y a dans le Christianisme aucune secte, ni société & Église, qui ne soit pleine d'erreurs & de vices, principalement la secte ou société de l'Église romaine, quoiqu'elle se dise la plus pure & la plus sainte de toutes. Il y a longtemps qu'elle est tombée dans l'erreur ; elle y est née ; pour mieux dire, elle y a été engendrée & formée ; & maintenant elle est même dans des erreurs qui sont contre l'intention, les sentiments & la doctrine de son fondateur, puisqu'elle a, contre son dessein, aboli les lois des Juifs qu'il approuvait, & qu'il était venu lui-même, disait-il, pour les accomplir & non pour les détruire, & qu'elle est tombée dans les erreurs & l'idolâtrie du paganisme, comme il se voit par le culte idolâtrique qu'elle rend à son Dieu de pâte, à ses saints, à leurs images, & à leurs reliques.

Je sais bien que nos Christicoles regardent comme une grossièreté d'esprit de vouloir prendre au pied de la lettre les promesses & prophéties comme elles sont exprimées ; ils abandonnent le sens littéral & naturel des paroles, pour leur donner un sens qu'ils appellent mystique & spirituel, & qu'ils nomment allégorique & tropologique, disant, par exemple, que par le peuple d'Israël & de Juda, à qui ces promesses ont été faites, il faut entendre, non les Israélites selon la chair, mais les Israélites selon l'esprit, c'est-à-dire les Chrétiens, qui sont l'Israël de Dieu, le vrai peuple choisi. Que par la promesse faite à ce peuple esclave de le délivrer de la captivité, il faut entendre non une délivrance corporelle d'un seul peuple captif, mais la délivrance spirituelle de tous les hommes de la servitude du démon, qui se devait faire par leur Divin Sauveur. Que par l'abondance des richesses & toutes les félicités temporelles promises à ce peuple, il faut entendre l'abondance des grâces spirituelles ; & qu'enfin, par la ville de Jérusalem, il faut entendre non la Jérusalem terrestre, mais la Jérusalem spirituelle, qui est l'Église Chrétienne.

Mais il est facile de voir que ces sens spirituels & allégoriques n'étant qu'un sens étranger, imaginaire, un subterfuge des interprètes, il ne peut nullement servir à faire voir la vérité ni la fausseté d'une proposition, ni d'une promesse quelconque. Il est ridicule de forger ainsi des sens allégoriques, puisque ce n'est que par rapport au sens naturel & véritable que l'on peut juger de la vérité ou de la fausseté. Une proposition par exemple, une promesse qui se trouve véritable dans le sens propre & naturel des termes dans lesquels elle est conçue, ne deviendra pas fausse en elle-même, sous prétexte qu'on voudrait lui donner un sens étranger qu'elle n'aurait pas ; de même que celles qui se trouvent manifestement fausses dans leur sens propre & naturel ne deviendront pas véritables en elles-mêmes sous prétexte qu'on voudrait leur donner un sens étranger qu'elles n'auraient pas.

On peut dire que les prophéties de l'Ancien Testament, ajoutées au Nouveau, sont des choses bien absurdes & bien puériles. Par exemple, Abraham avait deux femmes, dont l'une, qui n'était que servante, figurait la synagogue, & l'autre, qui était épouse, figurait l'Église Chrétienne ; & sous prétexte encore que cet Abraham avait eu deux fils, dont l'un, qui était de la servante, figurait le Vieux Testament, & l'autre, qui était de son épouse, figurait le Nouveau Testament. Qui ne rirait d'une si ridicule doctrine ?[8]

---

[8] Spectatum admissi risum teneatis amici. De Arte Poëtica Horat. 5. vers.

Jean Meslier

N'est-il pas encore plaisant qu'un morceau de drap rouge exposé par une putain pour servir de signal à des espions, dans l'Ancien Testament, soit la figure du sang de Jésus-Christ répandu dans le Nouveau ?

Si, suivant cette manière d'interpréter allégoriquement tout ce qui s'est dit, fait & pratiqué dans cette ancienne Loi des Juifs, on voulait interpréter de même allégoriquement tous les discours, toutes les actions, & toutes les aventures du fameux don Quichotte de la Manche, on y trouverait certainement autant de mystères & de figures.

C'est néanmoins sur ce ridicule fondement que toute la Religion Chrétienne subsiste. C'est pourquoi il n'est presque rien dans cette ancienne Loi que les docteurs Christicoles ne tâchent d'expliquer mystiquement.

La prophétie la plus fausse & la plus ridicule qu'on ait jamais faite est celle de Jésus dans Luc, chap. XXI. Il est prédit qu'il y aura des signes dans le soleil & dans la lune, & que le Fils de l'homme viendra dans une nuée juger les hommes ; & il prédit cela pour la génération présente. Cela est-il arrivé ? Le Fils de l'homme est-il venu dans une nuée ?

Chapitre VII

Preuve tirée des erreurs de la doctrine & de la morale

La Religion Chrétienne, apostolique & romaine, enseigne & oblige de croire qu'il n'y a qu'un seul Dieu, & en même temps qu'il y a trois personnes Divines, chacune desquelles est véritablement Dieu : ce qui est manifestement absurde, car s'il y en a trois qui soient véritablement Dieu, ce sont véritablement trois Dieux. Il est faux de dire qu'il n'y ait qu'un seul Dieu, ou, s'il est vrai de le dire, il est faux de dire qu'il y en ait véritablement trois qui soient Dieu, puisqu'un & trois ne se peut véritablement dire d'une seule & même chose.

Il est aussi dit que la première de ces prétendues personnes Divines, qu'on appelle le Père, a engendré la seconde personne, qu'on appelle le Fils, & que ces deux premières personnes ensemble ont produit la troisième, que l'on appelle Saint-Esprit, & néanmoins que ces trois prétendues Divines personnes ne dépendent point l'une de l'autre, & ne sont pas même plus anciennes l'une que l'autre. Cela est encore manifestement absurde, puisqu'une chose ne peut recevoir son être d'une autre sans quelque dépendance de cette autre, & qu'il faut nécessairement qu'une chose soit pour qu'elle puisse donner l'être à une autre. Si donc la seconde & la troisième personne Divine ont reçu leur être de la première, il faut nécessairement qu'elles dépendent, dans leur être, de cette première personne, qui leur aurait donné l'être, ou qui les aurait engendrées ; & il faut nécessairement aussi que cette première, qui aurait donné l'être aux deux autres, ait été avant, puisque ce qui n'est point ne peut donner l'être à rien. D'ailleurs, il répugne & est absurde de dire qu'une chose qui aurait été engendrée ou produite n'aurait point eu de commencement. Or, selon nos Christicoles, la seconde & la troisième personne ont été engendrées ou produites : donc elles ont eu un commencement ; & si elles ont en un commencement, & que la première personne n'en ait point eu, comme n'ayant point été engendrée, ni produite d'aucune autre, il s'ensuit de nécessité que l'une ait été avant l'autre.

Nos Christicoles, qui sentent ces absurdités & qui ne peuvent s'en parer par aucune bonne raison, n'ont point d'autre ressource que de dire qu'il faut pieusement fermer les yeux de la raison humaine, & humblement adorer de si hauts mystères sans vouloir les comprendre ; mais comme ce qu'ils appellent foi est ci-devant solidement réfuté, lorsqu'ils nous disent qu'il faut se soumettre, c'est comme s'ils disaient qu'il faut aveuglément croire ce qu'on ne croit pas.

Nos Déichristicoles condamnent ouvertement l'aveuglement des anciens Païens qui adoraient plusieurs dieux. Ils se raillent de la généalogie de leurs dieux, de leur naissance, de leurs mariages, & de la génération de leurs enfants, & ils ne prennent pas garde qu'ils disent des choses beaucoup plus ridicules & plus absurdes.

Si les Païens ont cru qu'il y avait des déesses aussi bien que des dieux, que ces dieux & ces déesses se mariaient, & qu'ils engendraient des enfants, ils ne pensaient en cela rien que de naturel : car ils ne s'imaginaient pas encore que les dieux fussent sans corps ni sentiments ; ils croyaient qu'ils en avaient aussi bien que les hommes. Pourquoi n'y en aurait-il point eu de mâle & de femelle ? On ne voit point qu'il y ait plus de raison de nier ou de reconnaître plutôt l'un que l'autre ; et, en supposant des dieux & des déesses, pourquoi n'engendreraient-ils pas en la manière ordinaire ? Il n'y aurait certainement rien de ridicule ni d'absurde dans cette doctrine, s'il était vrai que leurs dieux existassent.

Mais, dans la doctrine de nos Christicoles, il y a quelque chose de bien plus ridicule & de plus absurde : car, outre ce qu'ils disent d'un Dieu qui en fait trois, & de trois qui n'en font qu'un, ils disent que ce dieu triple & unique n'a ni corps, ni forme, ni figure ; que la première personne de ce dieu triple &

unique, qu'ils appellent le Père, a engendré toute seule une seconde personne, qu'ils appellent le Fils, & qui est tout semblable à son père, étant comme lui sans corps, sans forme, & sans figure. Si cela est, qu'est-ce qui fait que la première s'appelle le père plutôt que la mère, & que la seconde se nomme plutôt le fils que la fille ? Car si la première est véritablement plutôt père que mère, & si la seconde est plutôt fils que fille, il faut nécessairement qu'il y ait quelque chose dans l'une & dans l'autre de ces deux personnes qui fasse que l'un soit père plutôt que mère, & l'autre plutôt fils que fille. Or qui pourrait faire cela si ce n'est qu'ils seraient tous deux mâles & non femelles ? Mais comment seront- elles plutôt mâles que femelles, puisqu'elles n'ont ni corps, ni forme, ni figure ? Cela n'est pas imaginable, & se détruit de soi-même. N'importe, ils disent toujours que ces deux personnes sans corps, forme, ni figure, & par conséquent sans différence de sexe, sont néanmoins père & fils, & qu'ils ont produit par leur mutuel amour une troisième personne, qu'ils appellent le Saint-Esprit, laquelle personne n'a, non plus que les deux autres, ni corps, ni forme, ni figure. Quel abominable galimatias !

Puisque nos Christicoles bornent la puissance de Dieu le père à n'engendrer qu'un fils, pourquoi ne veulent-ils pas que cette seconde personne, aussi bien que la troisième, aient, comme la première, la puissance d'engendrer un fils qui soit semblable à elle ? si cette puissance d'engendrer un fils est une perfection dans la première personne, c'est donc une perfection & une puissance qui n'est point dans la seconde ni dans la troisième personne. Ainsi ces deux personnes manquant d'une perfection & d'une puissance qui se trouvent dans la première, elles ne seraient certainement pas égales entre elles ; si au contraire ils disent que cette puissance d'engendrer un fils n'est pas une perfection, ils ne devraient donc pas l'attribuer à la première personne non plus qu'aux deux autres, parce qu'il ne faut attribuer que des perfections à un Être qui serait souverainement parfait.

D'ailleurs ils n'oseraient dire que la puissance d'engendrer une Divine personne ne soit pas une perfection ; & s'ils disent que cette première personne aurait bien pu engendrer plusieurs fils & plusieurs filles, mais qu'elle n'aurait voulu engendrer que ce seul fils, & que les deux autres personnes pareillement n'en auraient point voulu engendrer d'autres, on pourrait : 1° leur demander d'où ils savent que cela est ainsi, car on ne voit point, dans leurs prétendues Écritures saintes, qu'aucune de ces Divines personnes se soit positivement déclarée là-dessus. Comment donc nos Christicoles peuvent-ils

Jean Meslier

savoir ce qui en est ? Ils n'en parlent donc que suivant leurs idées & leurs imaginations creuses ; 2° on pourrait dire que si ces prétendues Divines personnes avaient la puissance d'engendrer plusieurs enfants, & qu'elles n'en voulussent cependant rien faire, il s'ensuivrait que cette Divine puissance demeurerait en elles sans effet. Elle serait tout à fait sans effet dans la troisième personne, qui n'en engendrerait & n'en produirait aucune, & elle serait presque sans effet dans les deux autres, puisqu'elles voudraient la borner à si peu. Ainsi cette puissance qu'elles auraient d'engendrer & de produire quantité d'enfants demeurerait en elles comme oisive & inutile, ce qu'il ne serait nullement convenable de dire de Divines personnes.

Nos Christicoles blâment & condamnent les Païens de ce qu'ils attribuaient la Divinité à des hommes mortels, & de ce qu'ils les adoraient comme des dieux après leur mort : ils ont raison en cela ; mais ces Païens ne faisaient que ce que font encore nos Christicoles, qui attribuent la Divinité à leur Christ, en sorte qu'ils devraient eux- mêmes se condamner aussi, puisqu'ils sont dans la même erreur que ces Païens, & qu'ils adorent un homme qui était mortel, & si bien mortel qu'il mourut honteusement sur une croix.

Il ne servirait de rien à nos Christicoles de dire qu'il y aurait une grande différence entre leur Jésus-Christ & les dieux des Païens, sous prétexte que leur Christ serait, comme ils disent, vrai Dieu & vrai homme tout ensemble, attendu que la Divinité se serait véritablement incarnée en lui ; au moyen de quoi la nature Divine se trouvant jointe & unie hypostatiquement, comme ils disent, avec la nature humaine, ces deux natures auraient fait dans Jésus-Christ un vrai Dieu & un vrai homme : ce qui ne s'était jamais fait, à ce qu'ils prétendent, dans les dieux des Païens.

Mais il est facile de faire voir la faiblesse de cette réponse : car, d'un côté, n'aurait-il pas été aussi facile aux Païens qu'aux Chrétiens de dire que la Divinité se serait incarnée dans les hommes qu'ils adoraient comme dieux ? D'un autre côté, si la Divinité avait voulu s'incarner & s'unir hypostatiquement à la nature humaine dans leur Jésus-Christ, que savent-ils si cette même Divinité n'aurait pas bien voulu aussi s'incarner & s'unir hypostatiquement à la nature humaine dans ces grands hommes, & dans ces admirables femmes qui, par leur vertu, par leurs belles qualités, ou par leurs belles actions, ont excellé sur le commun des hommes, & se sont fait ainsi adorer comme dieux & déesses ? & si nos Christicoles ne veulent pas croire que la Divinité se soit jamais incarnée dans ces grands personnages, pourquoi veulent-ils nous persuader qu'elle se soit incarnée dans leur Jésus ? Où en est la preuve ? leur foi & leur créance, qui étaient dans les Païens comme dans eux. Ce qui fait voir qu'ils sont également dans l'erreur les uns comme les autres.

Mais ce qu'il y a en cela de plus ridicule dans le Christianisme que dans le paganisme, c'est que les Païens n'ont ordinairement attribué la Divinité qu'à de grands hommes, auteurs des arts & des sciences, & qui avaient excellé dans des vertus utiles à leur patrie ; mais nos Déichristicoles, à qui attribuent-ils la Divinité ? A un homme de néant, vil & méprisable, qui n'avait ni talent, ni science, ni adresse, né de pauvres parents, & qui, depuis qu'il a voulu paraître dans le monde & faire parler de lui, n'a passé que pour un insensé & pour un séducteur, qui a été méprisé, moqué, persécuté, fouetté, & enfin qui a été pendu comme la plupart de ceux qui ont voulu jouer le même rôle, quand ils ont été sans courage & sans habileté.

De son temps il y eut encore plusieurs autres semblables imposteurs qui se disaient être le vrai messie promis par la Loi ; entre autres un certain Judas Galiléen, un Théodore, un Barchon, & autres, qui, sous un vain prétexte, abusaient les peuples, &

tâchaient de les faire soulever pour les attirer à eux, mais qui sont tous péris.

Passons à ses discours & à quelques-unes de ses actions, qui sont des plus remarquables & des plus singulières dans leur espèce. « Faites pénitence, disait-il aux peuples, car le royaume du ciel est proche ; croyez cette bonne nouvelle. » & il allait courir toute la Galilée, prêchant ainsi la prétendue venue prochaine du royaume du ciel. Comme personne n'a encore vu aucune apparence de la venue de ce royaume, c'est une preuve parlante qu'il n'était qu'imaginaire.

Mais voyons dans ses autres prédications l'éloge & la description de ce beau royaume. Voici comme il parlait aux peuples : « Le royaume des cieux est semblable à un homme qui a semé du bon grain dans son champ ; mais pendant que les hommes dormaient, son ennemi est venu qui a semé la zizanie parmi le bon grain. Il est semblable à un trésor caché dans un champ ; un homme ayant trouvé le trésor, le cache de nouveau, & il a eu tant de joie de l'avoir trouvé qu'il a vendu tout son bien, & il a acheté ce champ. Il est semblable à un marchand qui cherche de belles perles, & qui, en ayant trouvé une d'un grand prix, va vendre tout ce qu'il a & achète cette perle. Il est semblable à un filet qui a été jeté dans la mer, & qui renferme toutes sortes de poissons : étant plein, les pêcheurs l'ont retiré, & ont mis les bons poissons ensemble dans des vaisseaux, & jeté dehors les mauvais. Il est semblable à un grain de moutarde qu'un homme a semé dans son champ, il n'y a point de grain si petit que celui-là, néanmoins quand il est crû il est plus grand que tous les légumes, etc. » Ne voila-t-il pas des discours dignes d'un Dieu ?

On fera encore le même jugement de lui, si l'on examine de près ses actions. Car 1° courir toute une province, prêchant la venue prochaine d'un prétendu royaume ; 2° avoir été transporté par le Diable sur une haute montagne ; d'où il aurait cru voir tous les royaumes du monde, cela ne peut convenir qu'à un visionnaire, car il est certain qu'il n'y a point de montagne sur la terre d'où l'on puisse voir seulement un royaume entier, Si ce n'est le petit royaume d'Yvetot, qui est en France : ce ne fut donc que par imagination qu'il vit tous ces royaumes, & qu'il fut transporté sur cette montagne, aussi bien que sur le pinacle du temple ; 3° lorsqu'il guérit le sourd & le muet, dont il est parlé dans St Marc, il est dit qu'il le tira en particulier, qu'il lui mit ses doigts dans les oreilles, & qu'ayant craché, il lui tira la langue ; puis jetant les yeux au ciel, il poussa un grand soupir & lui dit Epheta. Enfin qu'on lise tout ce qu'on rapporte de lui, & qu'on juge s'il y a rien au monde de si ridicule.

Testament de Jean Meslier (1762)

Ayant mis sous les yeux une partie des pauvretés attribuées à Dieu par les Christicoles, continuons à dire quelques mots de leurs mystères. Ils adorent un Dieu en trois personnes, ou trois personnes en un seul Dieu, & ils s'attribuent la puissance de faire des dieux de pâte & de farine, & même d'en faire tant qu'ils veulent : car, suivant leurs principes, ils n'ont qu'à dire seulement quatre paroles sur telle quantité de verres de vin, ou de ces petites images de pâte, ils en feront autant de dieux, y en eût-il des millions. Quelle folie ! avec toute la prétendue puissance de leur Christ, ils ne sauraient faire la moindre mouche, & ils croient pouvoir faire des dieux à milliers. Il faut être frappé d'un étrange aveuglement pour soutenir des choses si pitoyables, & cela sur un si vain fondement que celui des paroles équivoques d'un fanatique.

Ne voient-ils pas, ces docteurs aveuglés, que c'est ouvrir une porte spacieuse à toutes sortes d'idolâtries que de vouloir faire adorer ainsi des images de pâte, sous prétexte que des prêtres auraient le pouvoir de les consacrer & de les faire changer en dieux ? Tous les prêtres des idoles n'auraient-ils pu & ne pourraient-ils pas maintenant se vanter d'avoir un pareil caractère ?

Ne voient-ils pas aussi que les mêmes raisons qui démontrent la vanité des dieux ou des idoles de

81

bois, de pierre, etc., que les Païens adoraient, démontrent pareillement la vanité des dieux & des idoles de pâte & de farine que nos Déichristicoles adorent ? Par quel endroit se moquent-ils de la fausseté des Dieux des Païens ? N'est-ce point parce que ce ne sont que des ouvrages de la main des hommes, des images muettes & insensibles ? & que sont donc nos dieux, que nous tenons enfermés dans des bottes de peur des souris ?

Quelles seront donc les vaines ressources des Christicoles ? Leur morale ? elle est la même au fond que dans toutes les Religions ; mais des dogmes cruels en sont nés, & ont enseigné la persécution & le trouble. Leurs miracles ? mais quel peuple n'a pas les siens, & quels sages ne méprisent pas ces fables ? Leurs prophéties ? N'en a-t- on pas démontré la fausseté ? Leurs mœurs ? ne sont-elles pas souvent infâmes ? L'établissement de leur Religion ? mais le fanatisme n'a-t-il pas commencé, l'intrigue n'a-t-elle pas élevé, la force n'a-t-elle pas soutenu visiblement cet édifice ? La doctrine ? mais n'est-elle pas le comble de l'absurdité ?

Je crois, mes chers amis, vous avoir donné un préservatif suffisant contre tant de folies. Votre raison fera plus encore que mes discours : & plût à Dieu que nous n'eussions à nous plaindre que d'être trompés ! Mais le sang humain coule depuis le temps de

Constantin pour l'établissement de ces horribles impostures. L'Église romaine, la grecque, la protestante, tant de disputes vaines, & tant d'ambitieux hypocrites, ont ravagé l'Europe, l'Afrique & l'Asie. Joignez, mes amis, aux hommes que ces querelles ont fait égorger, ces multitudes de moines & de nonnes devenus stériles par leur état. Voyez combien de créatures sont perdues, & vous verrez que la Religion Chrétienne a fait périr la moitié du genre humain.

Je finirai par supplier Dieu, si outragé par cette secte, de daigner nous rappeler à la Religion naturelle, dont le Christianisme est l'ennemi déclaré ; à cette Religion sainte que Dieu a mise dans le cœur de tous les hommes, qui nous apprend à ne rien faire à autrui que ce que nous voudrions être fait à nous-mêmes. Alors l'univers serait composé de bons citoyens, de pères justes, d'enfants soumis, d'amis tendres. Dieu nous a donné cette Religion en nous donnant la raison. Puisse le fanatisme ne la plus pervertir ! Je vais mourir plus rempli de ces désirs que d'espérances.

Voilà le précis exact du Testament in-folio de Jean Meslier. Qu'on juge de quel poids est le témoignage d'un Prêtre mourant qui demande pardon à Dieu.

Ce 15e Mars 1742.